WIZARD

JN032619

マーケットの
チャート入門

株式市場のテクニカル分析を
マスターする

by William L. Jiler

How Charts Can Help You in the
Stock Market

ウィリアム・L・ジラー

長岡半太郎[監修]　　井田京子[訳]

Ⓟ Pan Rolling

監修者まえがき

　本書は、コモディティ・リサーチ・ビューロー社の社長を長く務めたウィリアム・L・ジラーが著した"How Charts Can Help You in the Stock Market"の邦訳である。本書のように長年にわたって多くの人に読み継がれてきた古典を世に出せることを大変うれしく思う。

　原書の初版が出版されてから約半世紀の時間がたったが、これが今でも多くの実践家に支持されているという事実は、市場そのものの構造やメカニズム（というよりも市場参加者の振る舞いや投資活動の本質）は昔と変わっていないということなのだろう。

　本書はいわゆるテクニカル分析について解説している。テクニカル分析についてはさまざまな評価があって、古典的なテクニカル分析についてはすでに歴史的な役割を終えたとみる見方も成り立つだろう。だが、確かにチャートそのものには株価の未来に対する予測力はないが、少なくとも株価の軌跡は事実の1つである。私がこれを強調するのは、株式投資において、事実ではなく妄想やデマに基づいて判断や行動を起こす人があまりにも多いからである（ほとんどの人がそうかもしれない）。

　したがって、客観的な事実と正しい知識に基づいて投資をするならば、単にそれだけで多くの市場参加者に対して優位に立っていることになる。そして、テクニカル分析とファンダメンタルズ分析とマクロ分析といったツールは、それを支える有力な柱なのである。

　テクニカル分析について言えば、株価の軌跡は「データ」であり、それを解釈するモノの見方は「情報」である。さらにそれをファンダメンタルズ分析やマクロ分析と統合すれば「インテリジェンス」となり、それに基づいて投資し、経験を積めば、「知恵」が得られるだろう。

本書はテクニカル分析の本であるが、あくまでチャートを解釈するにあたっての「モノの見方」が説かれているのであって、現在の多くの類書がやっているように、「ここで買え」だの、「ここで売れ」だのと言った戯言は書かれていない。著者のこの姿勢は、昨今の相場書と比較してなんと誠実で良心的なことだろう。実際、テクニカル分析を学ぶならば、本書の内容だけで十分なのではないか。テクニカルアナリストを商売としている方は別にして、テクニカル分析を投資活動における実践に役立てたいのであれば、目新しいだけで実際は複雑でノイズだらけの怪しいシロモノにかかわるのではなく、学ぶ対象を歴史の試練に耐えた単純な技法のみに特化するのが賢明な行動であると思う。投資初心者が最初に読むべき本として本書を強く推奨する。

　翻訳にあたっては以下の方々に心から感謝の意を表したい。まず井田京子氏には正確で読みやすい翻訳を、そして阿部達郎氏は丁寧な編集・校正を行っていただいた。また本書が発行される機会を得たのはパンローリング社社長の後藤康徳氏のおかげである。

2022年5月

長岡半太郎

目　次

CONTENTS

「株式市場の動きを予想するため、ウォール街では潮の満ち引きから太陽の黒点の変化まであらゆることを試してきた。このなかで最も実践的なツールが、個別株や株式市場全体の価格の変化を示す価格チャートだった。テクニカルアナリストは、ウォール街の一大勢力となり、機関投資家や投資信託や非常に多くの個人投資家が、チャートに従って売買している」──タイム誌

謝辞

　本書は何年もの制作期間に多くの人たちの貢献を得て完成した。チャートの考え方やフォーメーションは、注意深く調べる必要がある。そこで本書では、何百ものパターンを調べたが、掲載に至ったのはそのごく一部しかなかった。私は、この非常に難しいテーマを単純化し、明快にするために、手元に集まったチャートテクニックに関する一連の資料を吟味し、要約し、選別していった。

　この過程で、25年以上のチャート経験を持つプロの投資アドバイザーのチャールズ・ハッテンには特に大きな借りができた。彼は調査と執筆に長時間、根気よく取り組んでくれ、「メジャードムーブ」に関する第8章と、ほかの数章の一部を執筆してくれた。また、著名な金融ライターのジョン・ヘスは、編集面で大いに助けてくれた。

　次に挙げる市場の有能な専門家たちも、リサーチと編集に大いに貢献してくれた──スティーブン・グリーンバーグ（H・ヘンツ＆カンパニー）、リチャード・D・ドンチャン（ヘイデン・ストーン＆カンパニー・インク、コモディティリサーチのディレクター）、フレッド・バートン（トムソン＆マッキノンの商品部門）、エドワード・アンダーウッド（バッシ＆カンパニー・インク）、ハリー・ジラー（コモディティ・リサーチ・ビューロー・インク社長）、ジョセフ・R・カープ（投資顧問）、故レスター・ワイズナー（メラー＆カンパニー）。

　さらには、株式市場のテクニカル分析に関して有名な2冊の著書があるジョセフ・グランビルと、ケネス・ワード（ヘイデン・ストーン＆カンパニー・インクの上席副社長）の手助けと激励にも深く感謝している。

　また、本書の制作に大きく貢献してくれたジョセフ・ケセルマンと、本書のために素晴らしいチャートを用意してくれたトレンドラインの

チャートチームにもお礼を言いたい。

ウイリアム・L・ジラー

まえがき

　もし資金を市場に投じていれば、それは資金をリスクにさらしていることになる。この名著は、金融市場のイクスポージャーに内在するリスクを減らしたいすべての人の役に立つ。

　ファンダメンタルズ分析は、株式市場で成功するための方程式の半分にすぎない。世界で最も誠実なバランスシートの四半期ごとや年度ごとの収益や利益が安定して推移していても、あなたがその株に支払った以上の金額で買ってくれる人がいなければ、何の意味もない。ちなみに、エンロンの粉飾決算が発覚するはるか前に、エンロンのチャートは破綻し始めていた。

　あなたは、自分が買っている会社のチャートのどこに注目すべきか分かっているだろうか。価格パターンや出来高に関する知識がないと、市場参加者はリターンを得るために必要以上のリスクに自らをさらすことになる。

　「バイ・アンド・ホールド」は、強気相場では素晴らしくうまくいくが、個別株や株式市場全体の強気相場は永遠には続かない。「長期投資家」「バイ・アンド・ホールドの投資家」などと名乗っても、チャートが市場で助けになることを無視する理由にはならない。また、チャートはトレーダーだけのものではない。長期投資家も本書で紹介するパターンに気づくことができれば、その恩恵を受けることができる。長期の時間枠ならば長期の足のチャートを使えばよい。日足の代わりに週足や月足を使えばよいのだ。インターネット上には株式チャートを無料で提供しているサイトがいくらでもあるが、見るべきポイントが分からなければ、たとえ無料サイトでも意味がない。

　チャートは、市場が考えていることについて独自の洞察を与えてくれる。会社のファンダメンタルズはたいてい素晴らしく見えるが、株

11

価や出来高の動きには機関投資家が着々と撤退していっていることを示すどんなヒントが隠れているのだろうか。本書は、雪上の足跡を探して、「永遠にバイ・アンド・ホールド」するという間違いを減らすための実績がある観察方法を紹介していく。

株価と出来高の動きをテクニカル的に評価することは、市場で資金をリスクにさらすならば、必須のツールとなる。本書の初版は1962年に刊行されたが、それ以来、時の試練に耐えてきた。

ジラーは余計なことにページを割くことなく、最も重要な株価パターンを示し、ポイントとなる部分を説明するために明快な例を用いている。さらには、チャートの特徴を示し、株価パターンと出来高の観察を組み合わせて簡潔かつ率直に市場心理を説明している。

私の投資本の本棚には、本書が長年置かれている。この本があなたの本棚においても欠かすことのできない1冊になることを願っている。

2003年10月

　　ポール・チャーニー（スタンダード・アンド・プアーズ社の
　　チーフマーケットアナリスト）

1

投資家のためのツール

A Tool for Investors

　ある株は50ドルでしか売れないのに、別の株は100ドルで売れるのはなぜなのだろうか。

　また、あるときは50ドルだった株が、別のあるときには100ドルになるのはなぜなのだろうか。

　それには、その会社の収益、配当、純資産、将来の業績見通し、経済全体の見通し、株式市場全体の動きなど、無数の要因がある。

　もし勤勉な投資家がこれらの要因をすべて学んでバランスよく考慮できれば、株価を予測することができるようにも思える。しかし、仮に過去10年のIBMの収益の推移をかなり正確に予想できたとしても、IBMの株価が1940年代末に年間利益の12倍まで下がったことや、1950年代末には利益の60倍にまで高騰したことなど、どうして予想できるだろうか。

　1950年代には「投資家の自信」が明らかに急上昇した。また、市場心理（潜在的な買い手と売り手の姿勢を合わせた状態）が株価を決める重大な要因であることも明らかだ。もし市場が「間違って」いれば、株について「正しく」考慮しても何の役にも立たない。良いニュースのあと株価が下がったり、ひどい見通しでも株価が上がったりすることはいくらでもある。つまり、「株の価値は投資家が支払うつもりがある金額にすぎない」。

　そのため、株価の動きを予想するためには、経済的な確たる事実に加えて、投資家たちの考え方について正確な洞察を得ることが望ましい。ここで思い出すのが昔ながらの残念なジョークだ。「もしハムがあれば、ハムエッグを作ってあげられたのに。もし卵があれば……」。実際には、株価に影響を及ぼすかもしれないことをすべて知ることはできないし、それは事情通の「インサイダー」であっても変わらない。もちろん収益や配当や株式分析や合併や油田発見や新製品などについて、事前に知っていればものすごく有利なものはある。しかし、その知識によって利益を得るためには、インサイダーやその兄弟や従妹や

15

叔母が株を買わなければならない。そして、買えばその株の需要が増える。売れば供給が増えるのと同じことだ。いずれにしても、買うためには市場を通さなければならないため、警戒している投資家ならばそのシグナルに気づくかもしれない。

しかしその間も前述のとおり、だれも株価を決めるすべての要素を知ることはできないが、直近の分析でこれらの要因が合わさって需要と供給を相互に影響し合い、それが価格を決める。その会社に関するどんなニュースがあったとしても、それが需要か供給のどちらかを傾けたときのみ株価に影響を及ぼす。もしある時点である株の需要（買い注文）が供給（売り注文）よりも多ければ、株価は上がるしかない。もし供給が需要を上回れば、株価は下がるしかない。

チャートは、このような需要と供給の相互作用の記録を提供してくれる。特定の株や複数の株が、過去にいつ、いくらで売買され、出来高がどれくらいだったのかを一目で見ることができるのである。

「チャートを読んだり、チャートを分析したりする」目的は、特定の価格水準における需要の強さと供給の圧力を推定し、そのことから株が今後向かう方向と、その動きがどこで止まるかを予想することにある。

このとき、チャートに記録された過去の株価の動きがヒントを与えてくれる。市場では、歴史は繰り返す、それもかなり頻繁に。チャート上の株価の変動は、驚くほど安定的にいくつかのパターンに当てはまり、それぞれが買い圧力と売り圧力の関係を示唆している。パターンやフォーメーションのなかには、需要が供給よりも大きいことを示しているものもあれば、供給が需要よりも大きいことや、しばらく均衡を保っていることを示唆しているものもある。

話を進める前にはっきりと強調しておきたいのは、株価を予想する完全無欠のシステムなど存在しないということだ。もしそんなものがあれば、それを発見した人がいずれ市場のすべての株を手に入れるこ

とになる。ちなみに、チャートは完全無欠ではなく、見る人を惑わせたり誤解させたりすることがよくある。このことについては、本書を通じて指摘していく。また、最終章ではチャートを読むときのさまざまな落とし穴も紹介していく。

　幸い、株式市場ではすべての判断が正しくなくても利益を上げることができる。正しいときが間違ったときよりも多ければよいのだ。この原則はギャンブラーにはよく知られている。彼らは「ハウスはけっして負けない」と言っている。実は、ハウスは頻繁に負けている（少なくとも顧客が再び訪れてくれる程度には）が、数学的エッジ（優位性）によって、長期的に見れば必ず勝つようになっている。それでは株式市場でこのようなエッジを見つけることはできるのだろうか。対象の会社や業界や経済に関する妥当で詳細な情報はもちろん価値がある。しかし、いつ買って、いつ売るかの判断を助けてくれるのは、株価チャートの動きやパターンに関する知識なのである。

　ここで、チャートの構成を見ていこう（チャートの経験が豊富な人はこのまま第2章に進んでもよいが、続きを読んでもらえればうれしい）。本書で使っているチャート（株価予想で最もよく使われているタイプでもある）は、バーティカルラインチャートと呼ばれている。新聞で平均株価を示すときに目にしたことがあると思う。ちなみに、チャートにはほかにもたくさんのタイプがある（ラインチャート、バーチャート、ステップチャート、それ以外の記号を使ったものや、対数や平方根や算術目盛りを使ったチャートもある。アナリストのなかには、オシレーターや移動平均線や比率やポイント・アンド・フィギュアを使ったチャートを使っている人もいる。それぞれ機能が違い、メリットがあるが、どれも更新し続けるのには時間がかかるし、解釈の仕方も非常に複雑なことが多い）。

　一方、バーティカルラインチャートは最低限の時間で簡単に維持でき、だれでも理解できる。それに、一目で最も大事な情報である対象

期間の高値、安値、終値、出来高が分かる。このチャートには長い実績があり、20世紀初めごろから広く使われている。バーティカルラインチャートは、人気銘柄や市場平均の動きを長期で示すものが、さまざまなチャート会社から数多く出されているため、投資家は簡単に入手することができる。人気銘柄の最新のチャートが簡単に手に入るだけでなく、投資家は関心がある銘柄のチャートを簡単に作成し、更新していくこともできる。

　チャートは、日足、週足、月足、そして年足でも株価の変動を示すことができる。これらのチャートでは、同じパターンが見つかり、同じような予想効果があるが、日足チャートのほうが反転のシグナルが早目に出るため、本書ではほとんどの例に日足チャートを使っている。一方、週足チャートや月足チャートは長期トレンドを調べるには便利なので、該当する章の最後にいくつか例を挙げておく。

　いずれにしても、株価の情報は普通のグラフ用紙（縦線と横線が均等に引いてあるもの）に書き込んでいく。縦軸には価格、横軸には時間枠（日、週、月、年など）を書き込む。新聞やティッカーで株価を調べ、その日の高値と安値をマークし、その2点を縦線で結ぶ（その日のレンジ）。そこに、終値を示す短い横線を加える。例えば、ある銘柄の10月15日の株価のレンジは45ドルから47ドルで、終値が46ドルならば、**図1**のようになる。

　もちろん、週足や月足や年足チャートも同じように描いていく。それぞれの線（足）は、その期間のプライスアクションを表している。

　チャートの下の部分には、重要な情報を描き込むための場所をとっておく。それが、その期間に売買された株数（出来高）である。これはゼロから出来高に合わせた高さまでの縦線で表す（新聞では、特に記載がなければ、出来高は100株単位または「取引単位」で表示されている）。

　チャートの便利さと必要性を、GM（ゼネラルモーターズ）の例を

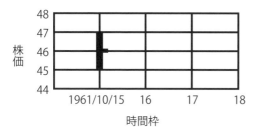

用いて見てみよう（1961年9月15日〜10月15日）。まずは株価を記した**図2**を見てほしい。

　次に、それをチャートにした**図3**を見てみよう。

　最初の縦線は、9月15日にGMの株価が高値の48ドルから安値の47ドル4分の1で推移し、終値が48ドル（短い横線）だったことを示している。また、チャートの下の部分にある線は、この日GMが3万7100株出来たことを示している。

　同じ手順で10月15日まで株価を記録していくと、**図3**のチャートになる（週末は省いて継続性を持たせている）。

　長期的なトレンドを知りたいときは、データを要約して**図4**のような週足チャートにすることもできる。

図2　GMの株価

日付	高値	安値	終値	出来高
1961年9月				
15日	48	47 1/4	48	37,100
16日	土曜			
17日	日曜			
18日	48	47	48	38,200
19日	48	47 3/8	47 3/8	28,500
20日	48 1/8	47 3/8	48 1/8	36,300
21日	49	48 1/4	48 1/2	59,700
22日	48 3/4	48 1/4	48 5/8	29,500
23日	土曜			
24日	日曜			
25日	49	48	48 1/4	44,100
26日	48 3/4	48 1/4	48 1/2	29,500
27日	49 3/4	48 1/2	49 3/4	75,700
28日	49 7/8	49 1/2	49 5/8	48,200
29日	49 3/4	49 1/4	49 5/8	31,800
30日	土曜			
10月1日	日曜			
2日	49 3/4	49 1/4	49 3/4	29,200
3日	49 3/4	49 3/8	49 5/8	21,500
4日	50	49 3/8	50	55,200
5日	50 5/8	50	50 3/8	45,800
6日	50 3/4	50 1/4	50 5/8	41,100
7日	土曜			
8日	日曜			
9日	50 7/8	50 3/8	50 3/4	37,100
10日	51	50 5/8	50 3/4	40,000
11日	51	50 5/8	51	35,300
12日	50 7/8	50 3/8	50 3/8	26,400
13日	50 1/8	49 3/4	50 1/8	39,300
14日	土曜			
15日	日曜			

図3　GMの日足チャート

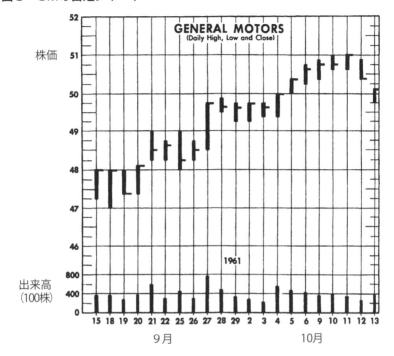

図4　GMの週足チャート

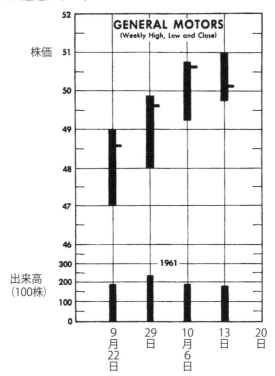

2

トレンド

Trends

　チャートをいくつか見るだけで、株価がある程度の期間、特定の方向に動く傾向があることが分かる。これがトレンドだ。そして、詳しく調べてみると、トレンドには見えない直線に沿ってジグザグで動いていく明らかなパターンがあることが分かる。実際、株価が直線に極めて近いところで推移していくことは、チャートの驚くべき特徴の1つと言える。

　しかし、チャートの読み方については、神秘性もまやかしもまったくない。株価の動きは、人間の心理にはっきりと基づいたさまざまなパターンを生み出す。株価の動きを決めるのは、人の心理なのである。例えば、株価が直線に沿って推移する傾向を説明するのは難しいことではない。物理的に言えば、これはたいてい慣性の法則（物体は外力の作用を受けないかぎり、静止または等速度運動の状態を続ける）に関連している。心理的に言えば、投資家は最近他人が支払った以上の金額で買うことには抵抗を覚える人が多い。ただし、株価が上がり続けているときは別で、それはこの先も上がり続けるという自信や希望があるからだ。一方、投資家は最近他人が売った金額よりも安く売ることにも抵抗する。ただし、株価が下げ続けているときは別で、それはさらに下がり続けることを恐れるからだ。

　ここで、市場心理がニュースに反応し、トレンドを形成していく様子を架空のケース（ただし非常によくある状況）で見ていこう。XYZ社で、売り上げと収益の増加が期待できる新製品が完成間近だとしよう。この会社の株は20ドル近辺で推移していた。インサイダー（幹部や社員とその親戚や友人）は、新製品についてもうすでに知っている。そうなると、彼らは20ドルや21ドル、あるいは22ドルでさえこの株を売ろうとはしない。彼らが保有している株は市場には出てこないため、その価格での供給は減り、株価は上昇傾向になる。しかも、彼らのなかにこの株をさらに買おうとする人たちが出てくると、需要も増える。そして、そのころには新製品に関するうわさがブローカー

の耳に届き、投資顧問やもしかしたら同業者も関心を持ち始める。株価は、23ドル、24ドル、25ドルと順調に上がり、注目を集めるようになると、トレーダーや一般投資家もあわてて買い始める。みんながこの銘柄について語り始め（「これはまれに見る素晴らしい株だ」）、買い手はさらに増えていく。

　そうこうしているうちに、XYZ社が新製品を発表する。ブローカーは顧客にパンフレットを送ってXYZ社の収益への影響を説明し、XYZ社も新製品を宣伝すると、XYZ株の需要が増えていく。しかし、ある時点で市場価格が新製品開発を十分「割り引いた」水準に達する。つまり、株価は期待される収益増加を十分織り込んだ水準まで上昇した。これは、たいてい新製品が発表されるころと一致する。多くのトレーダーが「ニュースで売って」利食う。株価が急上昇したあとにニュースが出たときは特にそうなる。

　上昇が行きすぎたように見えると、下降トレンドが始まることもある。もしかしたら、初期の売り上げ予想や収益予想は楽観的すぎたのかもしれない。もしかしたら、競合他社が同じような製品をすぐに発表するかもしれない。あるいは、XYZ社のほかの部門の利益が下がるかもしれない。XYZ社の株価が下がると、まだ含み益がある人たちが利食うかもしれない。また、参入するのが遅れて高値近くで買った人たちも、さらなる損失を避けるために渋々損切りするかもしれない。こうして株価は下がり続ける。

　このように十分な根拠に基づいて、株価はそれなりの期間、特定の方向（上昇、下落、「横ばい」）に動く。そこで、チャートを読むときの最初の明らかな教えは、株価がトレンドラインに沿って動いているとき、その動きが続く可能性のほうが続かない可能性よりも高いということである。ただし、これは絶対ではなく、可能性が高いということにすぎない。それでも、トレンドを見つけることができれば、投資家は市場における作戦を決めるためのエッジ（優位性）を得ることが

図5

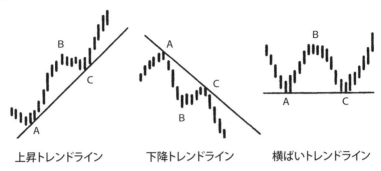

上昇トレンドライン　　　　下降トレンドライン　　　横ばいトレンドライン

できる。

トレンドの見つけ方

　チャートのなかを上下しながら推移する株価のなかで、少なくとも
３つのポイント（高値または安値）を結べば、それがトレンドライン
になる可能性がある。ただ、確認するためにはより多くの点が必要に
なる。図5では、上昇トレンドの３つ目のポイントCが１つ目のポイ
ントよりも高いところにあることに注目してほしい。わずか３つのポ
イントしか観察していなくても、株価がCから離れ、ポイントBを上
回るか下回るとトレンドラインが分かるようになる。ちなみに、下降
トレンドの場合はCがAを下回り、「横ばい（または水平トレンドラ
イン）」の場合はCとAが同じ水準になる。
　ちなみに、上昇トレンドラインは株価の安値をつないで描き、下降
トレンドラインは高値をつないで描く。この違いは重要である。経験
が浅い人はその逆をして、上昇トレンドでは高値を結び、下降トレン
ドでは安値を結んでしまうことがよくある。これでもうまくいくとき
もあるが、経験上このやり方は信頼性が低く、次のスイングがいつ止

図6 チャネル

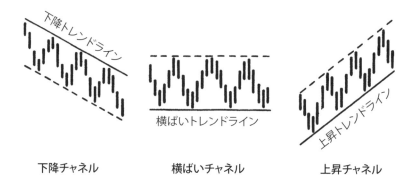

下降チャネル　　　　　横ばいチャネル　　　　　上昇チャネル

まるかを予想するうえでも役に立たない。また、横ばいになったとき
は、高値と安値の両方が平行の横線になるが、そのときは上昇トレン
ドと同様に、安値を結んでトレンドラインを引いてほしい。

　図6は、日足のバーティカルラインチャートで見られるトレンドラ
インやチャネルを示している。トレンドラインが実際にどのように形
成されていくのかは、本章の最後に実際の市場の動きを使って紹介す
る。図6の実線はトレンドラインで、それと平行に点線を引くとチャ
ネルになる。チャネルは株価がトレンドラインに沿ってジグザグに動
く範囲を示している。トレンドラインが明確になると、チャネルも決
まってくることが多い。もちろん、図6のような明確なチャネルがで
きることはまれだが、それを見つけたときは買いや売りの価格を示し
てくれるため役に立つ。

　当たり前のことかもしれないが、トレンドやチャネルが長くなると、
トレンドはより強くなる可能性が高い。そのため、週足や月足といっ
た長いレンジのトレンドラインは、日足チャートのトレンドラインよ
りも信頼できる場合が多い。ちなみに、ほんの2～3週間で形成され
たトレンドラインの多くは長くは続かない。仮に、形成されたライン
をブレイクし、方向転換するシグナルが出ても、結局、トレンドライ

図7　プルバック効果

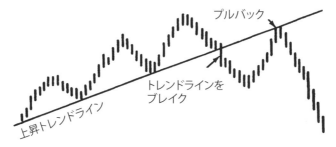

ンは継続することが多い。このように前のトレンドに磁石のように引きつけられる「プルバック効果（単なる押しや戻り）」はよくあることで、後の章で紹介するパターンでもよく見られる。そうなると、このような動きをすることを知っておくことは、買いや売りのタイミングを判断する助けになる。

出来高

　前述のとおり、アナリストは**図5**のようなABCの3点が形成されると、暫定的なトレンドラインを引く。ただし、これは行動を促すシグナルではなく、確認する必要がある。時間が経過すると、チャートは不要になった暫定的な線でいっぱいになるかもしれないが、そのなかに長く続いていくトレンドが見つかるかもしれない。このとき、アナリストにとって最も重要な指針の1つが出来高（その日に出来た株数）である。出来高は、買い圧力と売り圧力の強さを示すもので、それぞれの動きに対する確信の度合いでもある。例えば、めったにトレードされない銘柄が100株の1回のトレードで5ポイントも跳ね上がったとしよう。これは、ある人がその人なりの理由で100株買おうと

したときに、市場に相場よりも5ポイント「上で」売りたいとブローカーに伝えた人が1人しかいなかったことを示している。

　同様に、出来高が多いと、株価の動きの重要性も大きくなることが多い。普通の上昇トレンドでは、株価の上昇に合わせて出来高が増え、株価がトレンドラインに向かって下げているときには出来高も減る。しかし、下降トレンドでは株価が下げているときのほうが上げているときよりも出来高が多くなる。

急な反転

　出来高のパターンの変化は、トレンドが実際に反転する前に反転を警告することが多い。例えば、もし上昇トレンドが普通に続いていたのに（上昇するときは出来高が増え、下落するときは出来高が減る）、突然、上昇時に出来高が減って下落時に出来高が増えたら、それは株価が反転しようとしているシグナルなのかもしれない。

　テクニカルアナリストにとって、確立されたトレンドラインがブレイクされることは毎回、警告シグナルになる。もちろん、トレンドラインが1回ブレイクされても、多くの場合、トレンドの終わりを示唆しているわけではないが、警告にはなる。チャート分析では長年の間に次のような経験則が生まれた。「株価がしっかりしたトレンドラインを3％ブレイクし、出来高も増えていれば、トレンドの反転が進行しつつある可能性が高い」

そのほかのトレンドライン

　直線のトレンドライン以外で興味深いのが、カーブしたトレンドラインである。例えば、上昇や下落のモメンタムが急に強くなると、直線からカーブしていく（先のXYZ社も加速してカーブするかもしれ

図8

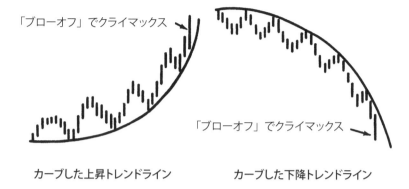

「ブローオフ」でクライマックス

「ブローオフ」でクライマックス

カーブした上昇トレンドライン　　　　　カーブした下降トレンドライン

ない）。図8は、上昇トレンドと下降トレンドのカーブしたトレンド
ラインを示している。もしこのカーブが長いトレンドの終わりに起こ
れば、それはメジャーなトレンドが最後のピーク（またはボトム）に
向かってクライマックスに至ることも多い。クライマックスとは、言
い換えれば、熱狂的な買いや売りの状態で、株価の動きも激しくなり、
出来高も異常に多くなる。このタイプのトレンドラインは、雲形定規
（製図で曲線を描くときに使う道具）を使って描くことができ、直線
のトレンドラインと同じくらい有効である。ただ、反転が始まるまで
は、クライマックスの終わりを特定するのが非常に難しいということ
を警告しておく。株価が垂直に上昇する「ブローオフ」は、思った以
上に進行することもある。

　ほかにも、複雑な形を含むさまざまなトレンドラインが見つかって
いる。そのなかで、興味深い「インターナルトレンドライン」と「フ
ァン」の2つを紹介しておこう。

　図9は、インターナルトレンドラインが形成されていく様子を示し
ている。図のAからBは通常の上昇トレンドラインだが、BからCは
トレンドラインの下にあり、インターナルトレンドラインになってい
る。

図9　インターナルトレンドライン

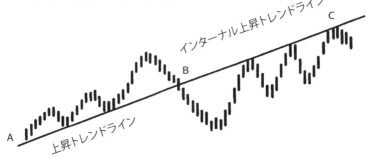

図10　ファン

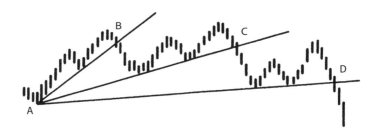

　図10のファンは、確立したトレンドライン（A～B）がブレイク
されても株価の方向性は変わらず、すぐに２本目のトレンドラインが
形成される（A～C）。そのあと、２本目のラインも再びブレイクさ
れて、同じ方向に３本目のトレンドライン（A～D）が形成される。
しかし、３本目のラインがブレイクされると、そのあとは主要な反転
につながることが多い。時には４本目や５本目のラインができること
もあるが、４回目のブレイクは反転につながることが圧倒的に多い。

作戦

チャートは信号のように、知識のある投資家に、進むべきか、徐行すべきか、止まるべきかを助言してくれる。例えば、確立した上昇トレンドラインが万全ならば、青信号なので株を買ってそれまで投資した分も保有し続けることができる。しかし、トレンドラインがブレイクされれば、注意が必要な黄信号に変わる。そのとき出来高が増えていればなおさらだ。新たな買いは延期し、保有している株は見直すべきだろう。トレンドラインが長く続くほど、いずれあるブレイクは大事な「弱気」のシグナルとなる。最後に、下降トレンドが形成されつつあるときは赤信号が点滅し、利食うか損失を避けるために何か防御的な基準を用いるべき時期を示している（ブローカーは、「売りつなぎ」や「プットやコールの買い」など、防御的な方法についてよく知っているが、ここでは詳しくは書かない）。

株を買うか売るかを決めたとき、株価が推移しているトレンドチャネルを知っておけば、チャネルの下限で買ったり上限で売ったりすることができるため、最高で数ドル程度有利にトレードできる可能性がある。また、トレンドラインのブレイクやトレンドラインへのリターンムーブも、非常に有利な売買チャンスをもたらしてくれる。

メジャーなトレンドの「底で買って天井で売る」ことは、すべての投資家の見果てぬ夢ではあるが、最後の8分の1ポイントまで狙うのは愚かだし、その必要もない。投資家は常に想像力を働かせ、厳密なルールに縛られたり、細かすぎる株価予想の公式に惑わされたりしないよう注意してほしい。いずれにしても、トレンドラインはチャートを使った体系的な手法において最初に見るべき最も重要な情報である。

チャート1　カー・マギー・オイル──上昇トレンドラインとチャネル

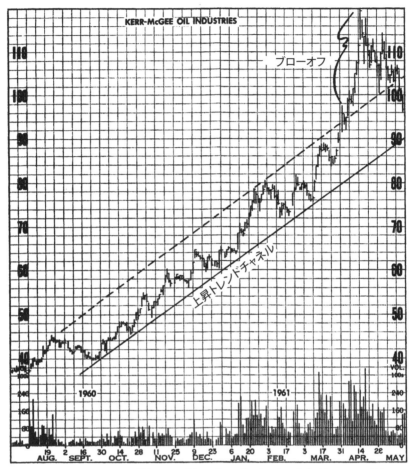

このチャートはカー・マギーの株価が7カ月足らずで3倍になったことを示している。最初の6カ月の株価は上昇トレンドライン（実線）に驚くほど沿っており、比較的狭いチャネル（上限はトレンドラインと平行に引いた点線）のなかに収まっている。さらに詳しく見ると、トレンドラインは上昇が始まって最初の1カ月で確立されていることが分かる。1961年4月、株価はチャネルの上限をブレイクし、ブローオフ（クライマックス）に向けて加速した。このような動きはたいてい一時的な高値か主要な高値を付ける。上昇が垂直になったのは2対1の株式分割が予想されていたためで、それが5月31日に行われた。ちなみに、1962年初めの株価はこの高値のかなり下だった。

34

チャート2　ジョージア・パシフィック──下降トレンドラインとチャネル

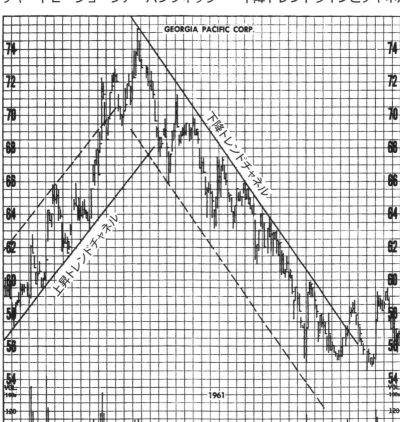

　4月末に株価が上昇トレンドチャネルの上限をブレイクしたところに注目してほしい。先のカー・マギーのチャートと同様に、これが「ブローオフ」の始まりとなり、上昇スイングの終わりを告げるシグナルとなった。そのあとの下降スイングも、ときどきある急激な戻り（チャネルの指針になっている）を除いてトレンドラインに張り付いているように見える。この状況は、チャネルの下限で買って上限近くで売るという作戦において理想的と言える。11月の第1週目に長い下降トレンドラインがブレイクされたあと、株価はトレンドラインまで「プルバック（下落）」した。ここでは、11月に出来高のパターンが変わったこと（上昇で増え、下落で減る）に注目してほしい。

チャート3　コルベット——カーブした上昇トレンドライン

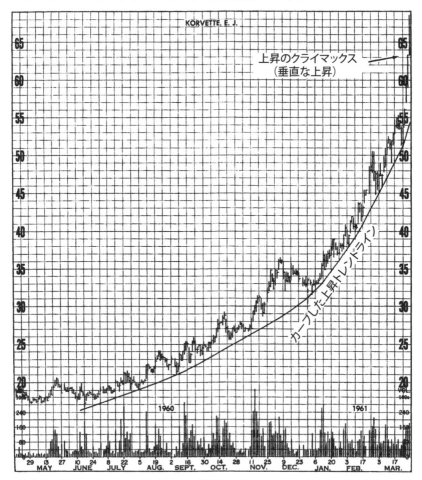

数カ月間の横ばいを経て7〜8月に始まった上昇トレンドラインのカーブは1961年1月までは緩やかだったが、そこから3月末にかけて急上昇して「ブローオフ」に至った。これは垂直的な上昇で、一時的または主要な反転につながる。第2章で説明したとおり、カーブした上昇トレンドラインはたいていこのような動きになることが多いが、垂直的な上昇は短期間でかなり進行することもあるため、いつ終わるのかを特定するのは極めて難しい。このチャートでは、チャートの最終日の高値（68ドル1/2）が一時的な天井となった。そのあと株価は反転し、1961年6月には47ドル3/8まで下げたあと、再び上昇に転じて1961年の高値となる129ドルを付けた。

チャート4　フリントコート──カーブした下降トレンドライン

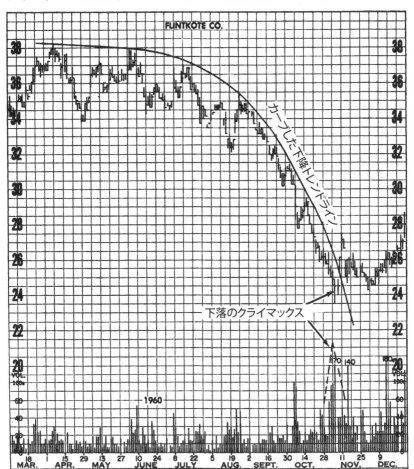

カーブした下降トレンドラインも、上昇トレンドと同じように始まる。最初は高値から緩やかな
カーブを描き、それが時間の経過とともに急になっていく。ただ、このチャートから分かるとおり、
出来高はかなり下げるまでは比較的安定しており、クライマックスの段階に達したときに増え始
める。コルベット（チャート3）のカーブした上昇トレンドラインのクライマックスは非常に急
な上昇だったが、大商いになることはなかった。一方、フリントコートのクライマックスは大商
いになっていたものの、日々の株価の値幅はさほど大きくはならなかった。クライマックスに達
すると、値幅が大きくなるか、大商いになるか、その両方になる。

支持線と抵抗線

Support and Resistance

　株を買ったら下がり始め、せめて買値で売りたいと切望したことがあるだろうか。あるいは、株を売ったら上昇し始め、前と同じ価格で買えるチャンスが来ることを願ったことがあるだろうか。このような思いをしたのはあなただけではない。これはみんなが経験していることで、それが株価チャートに支持線と抵抗線を生み出している。

　支持線は、その株の需要、つまり買いが増えることが期待される水準を示している。また、抵抗線はその株の供給、つまり売りが増えることが期待される水準を示している。この水準を探すのはさほど難しいことではない。例えば、大量の株が売買された水準は、支持線や抵抗線になる（支持線と抵抗線は入れ替わることもあり、それについては後述する）。特定の株価近辺で大量の売買が行われれば、チャートにはアナリストが揉み合いと呼ぶレンジが形成される（図11）。

　仮に、あなたをはじめとする何百人もの投資家が、株Aを20〜22ドルで買ったあと、株価が16ドルに下がったとしよう。典型的な買い手の最初の反応は、株価が反転して22ドルを超え、利益が出るまで保有しようと思う。そうすれば、買いの判断が間違っていなかったことを正当化できるからだ。しかし、株Aがさらに下げると、多くの買い手はトントンになるだけでありがたいと思うようになる。すると、株価が上昇に転じても、トントンの価格に近づくほど売りの傾向が強くなる。そうなると、当然、20〜22ドルのレンジでの売買が多くなり（揉み合い）、供給が増える。そのため、このレンジが抵抗線になってそれを超えるのが難しくなる。

　ここで仮に売りたい人がすべての株Aを20〜22ドルで売ったあとに、株価が上がったとしよう（下がるのではなく）。すると、アナリストはこのゾーンを支持線と言う。つまり、25ドル以上になった株Aが再び下げても、20〜22ドルのレンジに入れば新たな買い手が出てくることが期待できる。これにはいくつかの根拠がある。1つは、20〜22ドルで売ったあと上昇するのを見て後悔した人たちが、売ったときの価

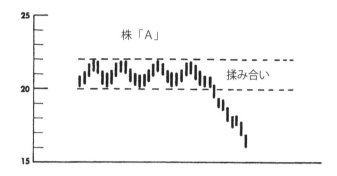

図11　抵抗線が形成される過程

格で買えば、素知らぬ顔して「再び参戦」できるからだ。そうすれば、彼らはずっと株Aが有望だと分かっていたと言える。また、20〜22のレンジで買った人たちや、買いそびれてしまった人たちは、再び下げたら買おうと思っているかもしれない。そして、3番目の買い手は上昇したときに空売りしたトレーダーで、下げたときに利食おうとしている。

　アナリストは、チャートに支持線や抵抗線を水平の線で描く。例えば、**図12**では株価が20〜24ドルで一定期間推移しているため、20ドルに支持線（線A）、24ドルに抵抗線（線B）を引く。しかし、株価が抵抗線の24ドルをブレイクすると、A〜Bのレンジ全体が支持エリア（支持ゾーン）になる。

　時間が経過すると、支持線が抵抗線になることもあれば、その逆になることもある（**図13**）。例えば、株Bが50〜55ドルの間を数カ月間行き来していると、私たちは50ドルを支持線、55ドルを抵抗線とみなすことができる。しかしある日、株価が55ドルをブレイクしてそれよりも上で終値を付ければ、それまでの抵抗線は自動的に新しい支持線になる（アナリストは、終値を「日中」の高値や安値よりも重視する。平均的な投資家は、翌朝の新聞に掲載された終値を見て、それに反応

図12　支持線が形成される過程

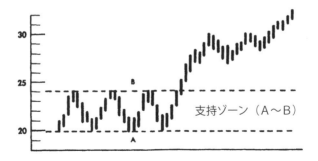

支持ゾーン（A〜B）

図13　前の抵抗線が新しい支持線になる

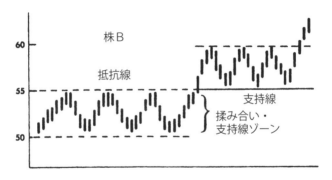

株B

抵抗線

支持線

揉み合い・
支持線ゾーン

するからである。株価を操作しようとする人たちは、このことを悪用
して取引終了間際に日中とはかけ離れた価格で売買をすることが知ら
れている）。55ドルで買った多くの投資家は含み益を得て、自分たち
の判断が正しかったと考え、なかにはこの水準で増し玉する人もいる。
一方、55ドルで売った人の多くは、先のケースと同様に、そこで「再
び参戦」しようとする。
　もしブレイクアウトが下方向ならば（株Bが50ドルを下回れば）、
50ドルの水準は支持線から抵抗線に変わる。50ドル以上で買った人た
ちは含み損を抱え、再びこの水準を回復したときに「トントン」で手

仕舞おうとするからである。

　個別株の株価（株価平均でも同じ）が、ほかの特定の水準で投資家たちの頭のなかにある支持線や抵抗線に達することもある（過去の水準や最近の水準）。「あの株をいつも20ドルで買い、40ドルで売って儲けている」などと言う人がよくいる（ちなみに、切りの良い価格も、支持線や抵抗線になることがよくある。理由は目標値を5の倍数や10の倍数の価格に設定する人が多くいるから）。また、循環株（上昇や下落が景気サイクルと密接に関連している株である鉄鋼やそのほかの基幹産業など）に関する研究では、多くが過去に何回も同じ水準で反転していることが分かっている。

　狭いレンジでも、変動する株価の高値や安値は投資家に心理的な影響を与えることがあり、補足的な支持線や抵抗線になる。例えば、保有している株を上昇しているときに売ろうと決めていたのに新高値から急落すると、「高値で売る」素晴らしいチャンスを逃した気分になる。しかし、くよくよしているうちに株価が前の高値まで上げたら、そこで売ろうとするだろう。もしそう考えた買い手がたくさんいれば、この高値は1回目はさほどの出来高がなかったとしても、2回目は強力な抵抗線になる。

50%ルール

　ある株や株式市場全体が激しくスイングしているとき、プロは「テクニカルリバウンド」または「テクニカルリアクション」を探す。これは、株価がスイングの3分の1か3分の2程度押す（または戻す）傾向があるからだ。もし株価が跳ね上がれば、短期トレーダーは売って利食う。もし株価が下がれば「割安株狙い」の人たちが押し寄せる。これらによって、元のトレンドが再開する。また、より大きなスイングでは、半分押したり、戻したりすると支持線や抵抗線ができること

図14　50%ルール

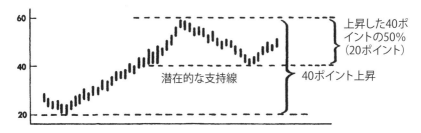

上昇した40ポイントの50%（20ポイント）

40ポイント上昇

潜在的な支持線

が多い。例えば、株価が大きな中断もなく20ドルから60ドルに上昇したあとに下降トレンドに入ると、前の上昇の中間くらいの水準に支持線ができることがよくある。つまり、40ポイント上げた半分の20ポイントを高値から引くと、40ドルの水準に支持線ができることがある。

普通とは違う出来高

　比較的長い期間、特定の価格で売買が多かったことを示す「揉み合い」と、その価格が支持線や抵抗線になることについてはすでに書いた。この期間の売買高がかなり多ければ、その期間が何週間かかろうが、比較的短かろうが、理論的にはあまり関係ない。この動きのなかで出来高が突然増加すると、チャート上のトレンドが中断していなくても、それが潜在的な支持線や抵抗線の水準を示唆していることがよくあり、それはのちに反転したときに効果を発揮する。

　例えば、株価が平均的な出来高で上昇して14ドルを付けたあと、突然出来高が急増したとする。それでも価格は異常な加速もないまま上昇を続け、16ドル付近で出来高は「平均」、つまり急増前の水準に戻ったら、株価が上昇や下落を続けても「横ばい」になっても、テクニカルアナリストはこの14〜16ドルのエリアを大商いゾーンとしてマークし、いずれ支持線や抵抗線ができると考える。この原則は、もちろ

ん下落のときにも適用できる（大商いゾーンの例は本章末のチャート
参照）。

　株価が予想外の支持線や抵抗線に達して出来高が急増したときは、
その水準の有効性が高まる。ちなみに、逆説的ではあるが、出来高が
急減したときも同じくらい重要なときがある。なぜそうなるのかはよ
く分かっていない。もしかすると、市場から撤退しようと考えている
人たちの多くが重要な反転ポイントだと考えているところでどちらに
行くかを見ているからかもしれない。そう考えると、出来高の急減は
特定の価格水準に対して市場心理が変化したことを警告してくれてい
るとも言える。ただ、支持線や抵抗線では出来高が減るよりも増える
ことが多いとはいえ、減るケースもそれなりにあるため、アナリスト
はこれも検討する必要がある。

　出来高に関してはもう１つ書いておきたい。株価がそれまでの揉み
合いゾーンをブレイクすると、アナリストは必ず出来高を参考にして
ブレイクアウトが「有効」なのかダマシなのかを見極めようとする。
ちなみに、上昇トレンドの有効なブレイクアウト（抵抗線を上抜く）
は、出来高も増えるということを知っておくと役に立つ。その一方で、
有効な「下方の」ブレイクアウト（支持線を下抜く）は、最初は出来
高が少ないことが多いため、下落が継続するなかでいずれ出来高が増
えることを確認する必要がある。

支持線と抵抗線を使ってみる

　トレンドラインと同様に、支持線と抵抗線もほとんどのチャートで
ほぼいつでも見つかる。実際、この２つの線は、テクニカルアナリス
トが価格を予想するためのより洗練されたパターンを構成する基本部
分と言える。第２章でも書いたとおり、物体（トレンド）は外力（支
持線や抵抗線）の作用を受けないかぎり、静止または等速運動の状

図15　有効な支持線の水準

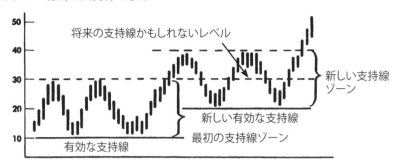

態を続ける。テクニカルアナリストはこれらのツールが相互に影響し合っていることを知ったうえで使っている。トレンドラインは支持線や抵抗線の水準を確認し、支持線と抵抗線は新しいトレンドラインを予想したり確認したりする助けになっているのだ。

　日足チャートでは、支持線ゾーンの下限のほうが上限よりも有効だと考えるとよい（前述のとおり、週足チャートや月足チャートでも支持線や抵抗線ができ、その銘柄の長期的、あるいは「歴史的な」水準を知ることができる。ちなみに、支持線や抵抗線の有効性は、時間の経過とともに薄れていくが、実際には数年たっても重要性が確認された例がたくさん見つかっている）。上昇している株価が反転して支持線近辺で再び上昇に転じることは頻繁にある（図15）。新しい支持線がその前の支持線ゾーンのなかにでき、次の有効な支持線になることもある。本章末の支持線と抵抗線の分析を参考にしてほしい。

　支持線と抵抗線を調べると、投資家は自分が正しいコースを進んでいるかどうかが分かる。支持線がしっかり持ちこたえていれば、自分の買った株がうまくいっていると感じることができ、増し玉を検討すべきかもしれない。しかし、もし支持線がブレイクされたら、それは懸念すべきことであり、売りを検討すべきかもしれない。

トレーダーのなかには、支持線や抵抗線を研究して実践的なトレードシステムを作っている人もいる。彼らは、株価が支持線まで下げたり、抵抗線を上抜いたりしたら買い、株価が抵抗線に達したり、支持線を下抜いたりしたら売る。

　ほかにも次のようなテクニックがある。例えば、株価が50～55ドルのレンジをブレイクアウトして58ドルに上昇したら、それまでの抵抗線である55ドルは支持線になる。短期のスイングトレーダーは、もしこの株が55ドルを下抜いたら保有し続けないかもしれない。一方、長期トレーダーならば、支持線ゾーンの下限（50ドル）をブレイクしないかぎり保有し続けるかもしれない。

　洗練された投資家は、支持線や抵抗線の概念を使って、上昇したときにいつ利食いの注文を出すかを事前に決めている。また、主要な下降トレンドでは、この概念を使って上昇に転じる可能性が高い時期や、空売りポジションを手仕舞う（高い価格で売った株を安く買い戻す）時期や、新たな買いの時期を決めている。

　トレンドラインや支持線と抵抗線といった基本ツールがよく分かったところで、チャートの最も魅力的な側面である市場の主要な転換点を示唆する驚くべきパターンを見ていこう。

チャート5　アメリカン・タバコ──支持線レベル

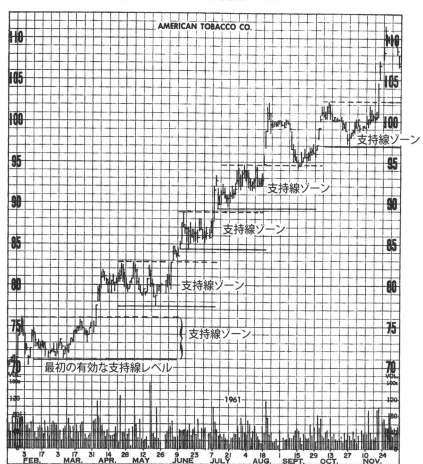

この上昇トレンドは1958年に始まった長期トレンドの一部で、理想に近い支持線ゾーンの例と言える。上昇して新たな支持線ゾーンに入ったあと支持線を割り込んだところがないからだ。これは珍しいケースではないが、支持線ゾーンを日々分析していると、前の支持線ゾーンを多少割り込むことのほうが多いことが分かる。このフォーメーションの大事な部分は「有効な支持線」（水平の実線）で、この下限を下回らないかぎり、投資は「正しいコース」を進んでいると考えてよい。
注意　株価が一段階上の揉み合いに入ったら、必ず「有効な支持線」を描き込む。

チャート6　アルミニウム・リミテッド──抵抗線レベル

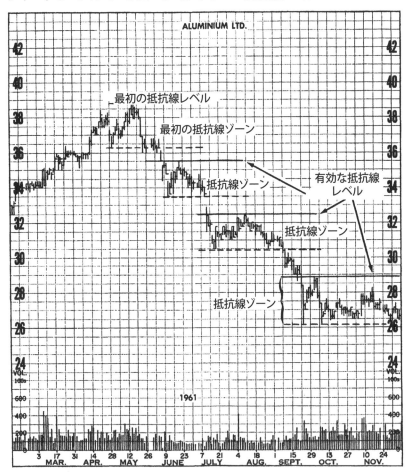

このチャートの抵抗線は前のチャートの支持線と似ている。6月以降は新しい安値を付けたあと、その前の抵抗線ゾーンまでの戻りはなかった。下降トレンドにおける抵抗線ゾーンは、上昇トレンドにおける支持線ゾーンよりも突破されることが少ないが、それでも下げたあとの「有効な抵抗線レベル」はチャートの重要なポイントとして注目すべきだ。ちなみに、このチャートには興味深い高値の「ウエッジ」ができているが、このフォーメーションについては第10章で説明するので、第10章を読んだあとで再びこのチャートを見てほしい。

チャート7　ユニバーサル・オイル・プロダクツ——有効な支持線レベル
　　　　　と支持線ゾーン

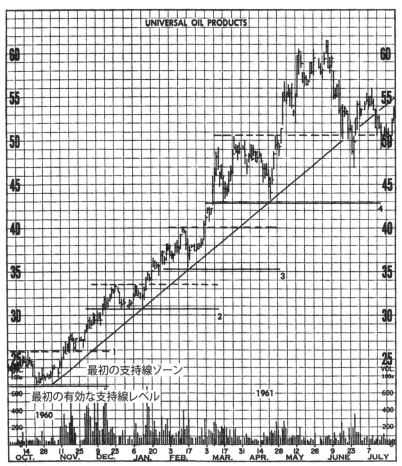

この株価は8カ月もしないうちに約3倍になり、その間トレンドラインを割り込むことも、前の
支持線ゾーンを割り込むこともなかった。今回の支持線ゾーンを描き込むテクニックは単純で、
あとから描いたものではない。揉み合いを抜けて新しい高値を付けるたびに、有効な支持線（実線）
を安値に合わせて引き、揉み合いの高値に合わせて支持線ゾーン（点線）を引いている。各支持
線ゾーンの有効な支持線には1～4の数字を付けてある。これらのゾーンは有効だったが、6月
に株価が最後の支持線ゾーン4まで下げてトレンドラインも割り込んだ。これは警告と解釈できる。
ちなみに、このチャートで注視すべきはメジャーなトレンドラインではなく、有効な支持線レベ
ル4だった。実際には、このあとも支持線レベル4は持ちこたえ、株価は1961年に69ドルに達した。

チャート8　ブランズウイックの週足──支持線と抵抗線

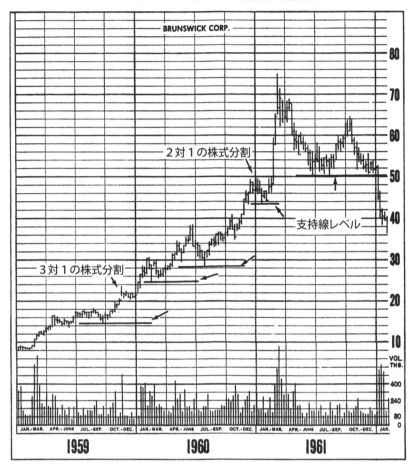

BRUNSWICK CORP.

2対1の株式分割

支持線レベル

3対1の株式分割

VOL.
THS.

JAN.-MAR.　APR.-JUNE　JUL.-SEP.　OCT.-DEC.　JAN.-MAR.　APR.-JUNE　JUL.-SEP.　OCT.-DEC.　JAN.-MAR.　APR.-JUNE　JUL.-SEP.　OCT.-DEC.　JAN.

1959　1960　1961

日足チャートで分析できることは、週足や月足といった長期のチャートでも同じようにできる。
今回の週足チャートで、株価（調整済）は1959年の9ドルから1961年には74ドル7/8に上昇した。
本書で紹介するいくつかの週足チャートの1枚目となるブランズウイックは、上昇トレンドが
1961年の第2四半期まで有効な支持線レベルを割り込むこともトレンドを大きく割り込むことも
なかったが、弱気の最初の重要なサインは、カーブした上昇トレンドラインがブレイクされたこ
とだった。このことは、2～3月の垂直な上昇と出来高の急増が長期に及んだ強気相場のクライ
マックスかもしれないと印象付けた。そのあと、1961年半ばに50～58ドルで揉み合いになり、株
価は史上最高値を試したものの超えることはできなかった。50ドルの支持線が9週間株価を支え
たが、大商いを伴って下にブレイクしたあとはそのまま急落した。

4

ヘッド・アンド・ショルダーズ

Head and Shoulders

　チャート上でトレンドの反転を示唆するパターンのなかで「ヘッド・アンド・ショルダーズ」は抜群の知名度を誇っている。このパターンははっきりと分かるし、どのようなチャートでもほぼ必ず見つけることができる。チャート分析の経験が豊富な人は、これを最も信頼できる指標だとして好み、チャート分析を始めたばかりの人は、学んだことを市場で実践するチャンスとして飛びつく。

　ただ、ヘッド・アンド・ショルダーズも抽象画と同じで、本物によく似ているとは思わないでほしい。**図16**のヘッド・アンド・ショルダーズは、3回連続で上昇と下落があり、2回目の高値が最も高かった場合の動きをかなり単純化したものである。3回目の上昇が2回目の高値に達しなかったことは、メジャーな上昇トレンドが終わる可能性があることを警告している。一方、逆ヘッド・アンド・ショルダーズは、下降トレンドのあとにできるヘッド・アンド・ショルダーズの逆の形で、その先に上昇トレンドがある可能性を示唆している。まずは、ヘッド・アンド・ショルダーズの3つのフェーズを詳しく検証していこう。

1. **左のショルダー**　ある程度続いた上昇トレンドがクライマックスに達し、下落して形成される。ここで大事なのが出来高で、上昇するときはかなり増え、下落時は目に見えて減る。ただ、全体として左のショルダーが形成されているときの出来高はかなり多い。

2. **ヘッド**　2回目の上昇は高値が1回目よりも高くなるが、そのあと上昇分と同じだけ下げるため、安値は1回目の安値と非常に近くなる。出来高は上昇時は多いが、全体的には左のショルダーよりも少なくなる。

3. **右のショルダー**　3回目の上昇はヘッドの高値に達しないうちに反転する。右のショルダーのフォーメーションは弱さを決定的に示している。ただ、ここが最もチャートの読み違いが起こるとこ

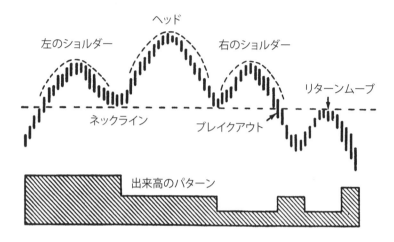

図16　ヘッド・アンド・ショルダーズ

左のショルダー

ヘッド

右のショルダー

リターンムーブ

ネックライン

ブレイクアウト

出来高のパターン

ろでもある。それを避けるためには、右のショルダーが形成され
ているときに出来高の増減に注目すればよい。もし上昇時に出来
高が明らかに減れば、価格構造が弱くなったことを示す強力な証
拠だと考えてよい。しかし、もしこのとき出来高が増えていれば、
たとえ理想的なヘッド・アンド・ショルダーズが形成されたとし
ても、ダマシに気をつけてほしい。

　ちなみに、ヘッド・アンド・ショルダーズは左のショルダーと右の
ショルダーの安値を結んだ線を下抜くまで完成しない。この安値を結
んだ線はネックラインと呼ばれている。上級者のなかにはネックライ
ンの傾きが上昇しているか、下降しているか、水平かで違いがあると
考える人もいるが、これには議論の余地がある。いずれにしても本書
でこの点は考慮しない。

　ヘッド・アンド・ショルダーズが完成したあと、価格はネックライ
ンに再び達することのほうが達しない場合よりも多い。この戻りはリ

ターンムーブと呼ばれている。株価がこのような動きを頻繁にするかどうかは、市場全体の状況によって変わる。株式市場全体が強力に上昇しているときは、個別銘柄もリターンムーブがある可能性が高い。一方、株式市場全体に力強さがなければ、リターンムーブはないかもしれない。また、同じことはその銘柄が属する業界のトレンドについても言える。例えば、石油業界全体が上昇していれば、その業界の個別銘柄もリターンムーブがあるかもしれない。このように外部要因を考慮しなければならないため、厳密なルールを定めるべきではない。

逆ヘッド・アンド・ショルダーズ

　前述のとおり、逆ヘッド・アンド・ショルダーズは、ヘッド・アンド・ショルダーズとまったく同じ形が上下逆になっており、上昇トレンドではなく下降トレンドの終わりを示している。ただ、出来高の形は少し違う。パターンが有効かどうかは出来高が主要な役割を果たしているため、逆ヘッド・アンド・ショルダーズを部分ごとに見ていこう。

1. **左のショルダー**　ある程度続いた下降トレンドが急落してクライマックスに達したあと上昇する。出来高は下落で大幅に増え、上昇で目に見えて減る。

2. **ヘッド**　2回目の下落は左のショルダーの安値よりも下げ、2回目の上昇は前回の上昇と同じ高さまで戻す。出来高は2回目の下落のほうがその直前の上昇よりも多くなるが、その前の下落のときほどではない。しかし、2回目の上昇で再び出来高が増え、ヘッド全体の出来高は左のショルダーの出来高よりも少し多くなる。

3. **右のショルダー**　3回目の下落は2回目の安値よりも上で上昇に転じる。出来高は下落ではっきりと減るが、上昇で急増し、ネッ

図17　逆ヘッド・アンド・ショルダーズ

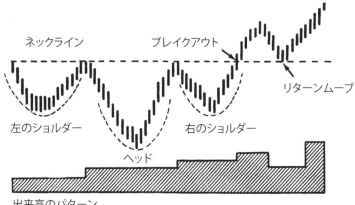

ネックライン　　　　　　　　　ブレイクアウト

リターンムーブ

左のショルダー　　　　　　　　右のショルダー

ヘッド

出来高のパターン

クラインを上抜くまで高い水準を維持する。このことが、逆ヘッド・アンド・ショルダーズかどうかを見極める極めて重要な点になる。もし出来高が伴わなければ、チャートの形が理想的でも、ダマシに警戒する必要がある。一方、出来高が伴っていれば、ネックラインを上抜いたところでパターンが完成したことを確認できる。

ここでも、リターンムーブに関して厳密なルールを課すべきではない。市場全体や特定のグループの株のトレンドに左右されることもあるからだ。ちなみに、リターンムーブはヘッド・アンド・ショルダーズよりも逆ヘッド・アンド・ショルダーズのあとに起こることが多いとも言われているが、統計的な裏づけはない。

形成の過程

ほかのチャートパターンと同様に、ヘッド・アンド・ショルダーズ

図18　ヘッド・アンド・ショルダーズ──全7幕のドラマ

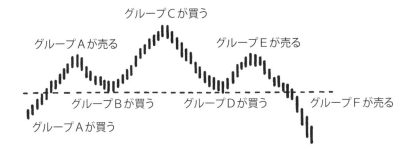

も特定の状況で買い手と売り手が出合ったときに起こることを示している。このことを図で説明すると、さまざまな投資家のグループがヘッド・アンド・ショルダーズのそれぞれの段階で心理的・資金的に反応する様子は全7幕の演劇に例えることができる。まずは登場人物を紹介しよう。

グループA　上昇トレンドの前か途中で株を買った人たち。今は売って利食おうとしている。

グループB　上昇トレンドで株を買いそびれ、押しで「安く」買おうとしている。

グループC　グループBと同様に上昇トレンドで買えなくて押しで買いたいと思っているが、長く待ちすぎて新高値で「手を出して」しまった。

グループD　上昇トレンドでも最初の押しでも買えず、2回目の押しで安く買う「最後のチャンス」だと飛びついた。

グループE　グループCと似ているが、違いはもう売ろうとしていること。買ってすぐに含み損を抱え、「トントンになるか多少の損失が出ても売る」と決めている。

図19　複雑なヘッド・アンド・ショルダーズのフォーメーション

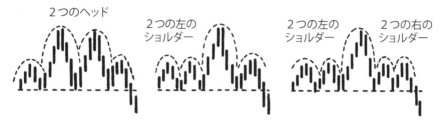

2つのヘッド

2つの左の
ショルダー

2つの左の
ショルダー

2つの右の
ショルダー

　グループF　グループAで売れなかった人たちと、そのほかのグル
　ープの一部の人たちで、みんな含み損を抱えている。

劇は次のように展開していく。

ルノアールよりもピカソに近い

　最初に書いたように、「ヘッド・アンド・ショルダーズ」という言
葉はかなり抽象的で、市場の動きを表すパターンの名前としてはかな
り想像力を必要とすることを強調しておきたい。たくさんの人とたく
さんの想定外の要因がかかわるすべての行動パターンについて言える
ことだが、チャートの形状は厳密な公式に従っているわけではない。
時には、ヘッドの高値が1点でもカーブでもなく水平な「横ばい」に
なっていることもあれば、ショルダーが変形して両肩のバランスがと
れていないこともある。あるいは、大きなパターンのなかに小さなパ
ターンができたり、左のショルダーとヘッドと右のショルダーが2つ
ずつあったりするなど複雑な形のこともある。しかし、ピカソの絵画
に大金を支払う人たちでも恐れる必要はない（変形パターンの一部を
図19に載せておく）。
　このように変形していても、注意深くチャートを読む人ならば、実

図20　最低目標

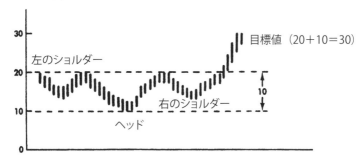

際のチャートで前に紹介した典型的なヘッド・アンド・ショルダーズと基本的に似た動きを見つけることができると思う。そして、特徴が似ていれば、トレンドの反転の可能性を示す指標として使うことができる。

目的

　これまで上昇していた株が下げに転じる可能性があること（またはその逆）を示唆するヘッド・アンド・ショルダーズのような反転パターンを見つけたら、次の疑問がわく。この状況はどこまで続くのだろうか。

　私たちは、いつ列車に乗るべきか十分分かっている（つまり、上昇するなら買う、下落するなら空売りする）。しかし、いつ降りたらよいのだろうか。「動きを予想」し、「目標値を計算」するためには、いくつかの要素を入念に評価しなければならない。そこで、これらの要因について、ここで詳しく説明しておく。これは大事なことだ。価格が目の前で目標値に達しても、毎回そこで手仕舞えるわけではないが、練習すれば打率を上げることはできる。

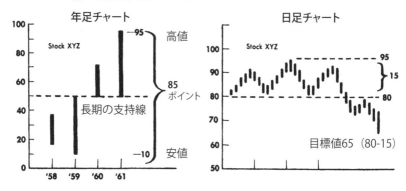

図21　XYZ株の目標値を見つける

　ヘッド・アンド・ショルダーズには、このパターンが完成すると、そこからの反対方向のスイングが、少なくともヘッドの高値からネックラインまでの値幅の分は続くという一般的な経験則がある（**図20**）。このルールはアナリストにはよく知られているが、それで十分とは言えない。そのため、可能な目標値を選ぶためには、次のようなテクニカル要因も考慮する必要がある（重要な順）。

　①株式市場全体の動き
　②その銘柄の過去の値幅から見た現在値の位置
　③主要な支持線や抵抗線の場所

　ここで練習してみよう。XYZ社の株価が明確なヘッド・アンド・ショルダーズを完成したとする（**図21**の右）。ここで売るべきだろうか。もし売ったら、いつ再び買い戻すべきだろうか。仮に、これが小さな下げで、この株を長期的に保有したいと思っているならば、売る意味はまったくない。もし中期的な下げならば、売りを考えはするが、結局は売らないかもしれない。利益にはキャピタルゲイン税がかかる

62

からだ。その一方で、主要な下げ相場が迫っているならば、撤退したい。そこで、飛行機のパイロットが離陸の安全性を判断するためにチェックリストを確認していくように、次のチェックリストで保有するのと売るのとどちらが賢明かを考えてみよう。

① 株式市場全体からは決定的な手掛かりが得られない。株価の動きは不規則な「横ばい」で、一般投資家の選択に大きく左右される。業界の動きも一定ではない。

② XYZ株は、ヘッドで史上最高値の95ドルを付け、そのあと右のショルダーを形成し、80ドルのネックラインを下抜いたあと、80ドルにリターンムーブをしたところにある。この銘柄は3年前に史上最安値の10ドルを付けた。つまり、3年間で直近の高値まで850％上昇した。つまり、株価は歴史的な高値にあり、下落する余地は十分ある……のだろうか。

③ 長期のチャートを見ると、最後に主要な「横ばい」または「保ち合い」があったのは50ドル近辺で、かなりの出来高を伴っていた。そして、これよりも高い重要な支持線は見えない。つまり、これが第3章で紹介した潜在的な支持線ゾーンになる。前述のとおり、株価は主要な動きの50％の下落をして、そのあと支持線や抵抗線にぶつかることがよくある。これは簡単に計算できる。XYZ株はこの3年で10ドルから95ドルに85ポイント上昇した。95から85の50％（42ドル1/2）を引くと、52ドル1/2になる。これは強力な支持線がある50ドルに比較的近いため、この水準は警戒しておくべきだろう。

　ただ、ヘッド・アンド・ショルダーズのあとのスイングに関する経験則についてはまだ考慮していない。今回のケースでは、ヘッド（95ドル）からネックライン（80ドル）までが15ポイントなので、XYZ

図22　逆ヘッド・アンド・ショルダーズのダマシとヘッド・アンド・ショルダーズのダマシ

株は65ドルまで下落するとも考えられる。そして、さらに52ドル1/2か50ドルまで下げる可能性も高い。このような理由から、XYZ株は最低でも15ポイントの下げが期待できる空売りの候補と言える。

ヘッド・アンド・ショルダーズのダマシパターン

　これまでは、完成したパターンについて書いてきた。株価がネックラインを下抜き、方向性が分かっているケースだ。しかし、ヘッド・アンド・ショルダーズ（またはその変形）が完璧に形成されても、ネックラインを下抜かないケースもある（**図22**）。ブレイクせずに方向性のない「横ばい」に入ってしまうのだ。そうなれば、反転パターンが形成されなかったことになるが、これはこのエリアからどちらかの方向に大きなトレンドが始まる準備段階なのかもしれない。

　この動きは、雪やぬかるみにはまった車によく似ている。賢くギアチェンジをすれば、車を動かすことができる。正しいモメンタムのときにアクセルを踏み込めば、うまく前進したりバックしたりできるのだ（少なくともそう願いたい）。ヘッド・アンド・ショルダーズのダマシパターンでも、横ばいのなかでの変動はモメンタムを生む。そして、ある瞬間にレンジの上限か下限を突き抜けると、株価は勢いを増

して新しいトレンドが始まる。このようなフォーメーションは、メジャーな動きを後押しする。

作戦

それでは実際のケースを見ていこう。章末には実際のケースを6例載せてあるので参考にしてほしい。これらのチャートは、興味深いフォーメーションと、目標値を計算するときの問題が分かるものを選んでいる。ほかにも参考になるチャートはたくさんあるが、基本的に似たパターンは、似た原則と結果につながっている。

ヘッド・アンド・ショルダーズの理論と過去のケースからは、次のような結論を得ることができる——原則として、株価がネックラインをブレイクしたら仕掛ける。

しかし、注意深くて経験豊富な投資家は、このパターンが完成すると信じる強い理由があれば、早いと右のショルダーが形成されている途中から仕掛けてしまうこともある。このような理由となるケースを挙げておく。

①過去の価格と現在の価格の関係性から、それまでの長期トレンドが反転する可能性が高い。
②それまでのトレンドが強力な支持線や抵抗線に達した。
③出来高がヘッド・アンド・ショルダーズの条件を満たしている。
④株式市場全体が中立か対象銘柄のヘッド・アンド・ショルダーズが形成されるまでのトレンドとは反対に向かっている。

このようなケースでは、主要なスイングの高値や安値近くで仕掛けると、非常に有利なトレードになるだろう。

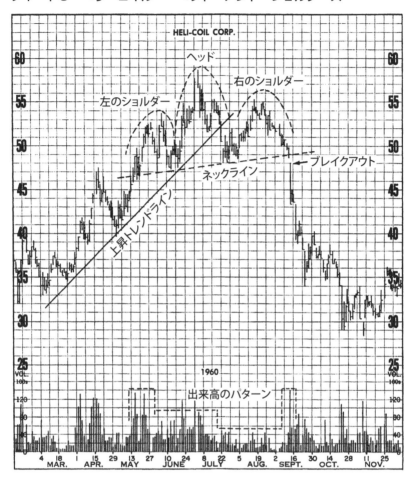

この大きくて明確なヘッド・アンド・ショルダーズは、ガイドの線やラベルがなくても簡単に見つけることができる。6月にチャートを観察していた人は、出来高のパターンの変化からトレンドが変わることを警戒していたかもしれない。新高値までの上昇は、5月に上昇したときよりも出来高が少し減り、7月22日にトレンドラインをブレイクしたことは上昇トレンドが反転する危険があることを確認した。そして、3つ目の重要なヒントは、右のショルダーが形成される間の出来高がかなり少なかったことだった。最後に、ネックライン（この場合は有効な支持線でもあった）を下にブレイクすると、売り圧力（株の供給）が買い圧力（需要）に勝ることは疑問の余地がほとんどなくなった。このケースでは、3つ目のヒント（右のショルダー時の薄商い）だけでも、パターンの完成を見込んで高値から遠くないところで利食う十分な根拠となる。

チャート10　テクニカラー──ヘッド・アンド・ショルダーズ

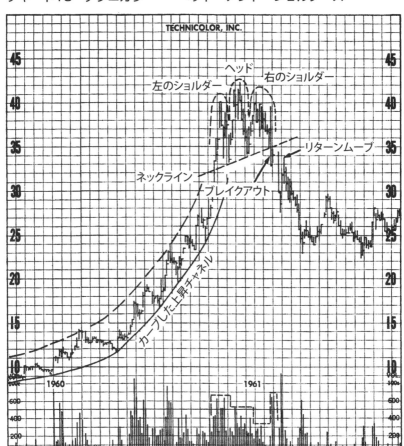

株価と出来高から見て、4〜5月に付けた高値は理想に近いヘッド・アンド・ショルダーズを形成したが、ショルダーとヘッドが近いこと（わずか1〜2ポイント）から、これはトリプルトップだと強く主張する人もいる。チャートから分かるとおり、株価は明確なカーブした上昇トレンドラインとチャネルを形成したあと垂直に上昇してクライマックスに達した。出来高は、左のショルダーができるまでは多かったが、ヘッドと右のショルダーでは少しずつ減っていき、ネックラインをブレイクしたときは一時的に増えたが、その後は少なくなった。このチャートには示されていないが、このあと10月に株価が上昇して今回のパターン（10月の時点では抵抗線になっている）を試したが、36ドル近辺で跳ね返され、その後は21ドル近辺まで下げた。

チャート11　クロウエル・コリアー──複雑なヘッド・アンド・ショルダーズ

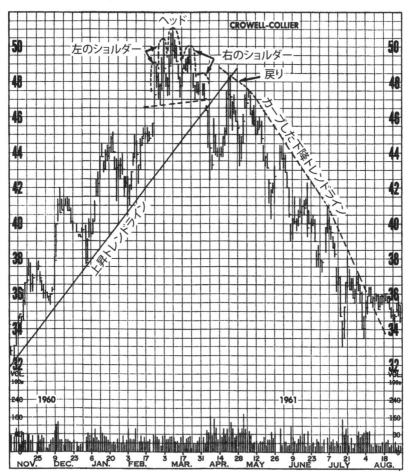

すべてのフォーメーションがここまで明確ならば、チャートを読むのは簡単だ。11月から３月にかけて、株価は上昇トレンドラインに貼りついているように上昇した。そのあと株価は小さなヘッド・アンド・ショルダーズを形成し、ネックラインと長期の上昇トレンドラインを同時にブレイクした。これによってトレンドは反転し、株価はカーブした下降トレンドラインに沿って下げていった。今回のヘッド・アンド・ショルダーズは、左と右のショルダーが２つずつ対称にあるのが興味深い。しかし、ヘッド・アンド・ショルダーズの特徴である出来高のパターンが見られないため、これはトリプルトップだと主張するアナリストもいる。また、「リターンムーブ」がネックラインで止まらず、それまでのメジャーな上昇トレンドラインで止まったことは、多くのトレンドラインのブレイクに見られる磁石のようなプルバック効果を表している。ただ、このパターンをヘッド・アンド・ショルダーズと呼んでも、トリプルトップと呼んでも、ここから予想される意味合いは変わらない。

チャート12　バー・クリス・コンストラクション・カンパニー──複雑な　ヘッド・アンド・ショルダーズ

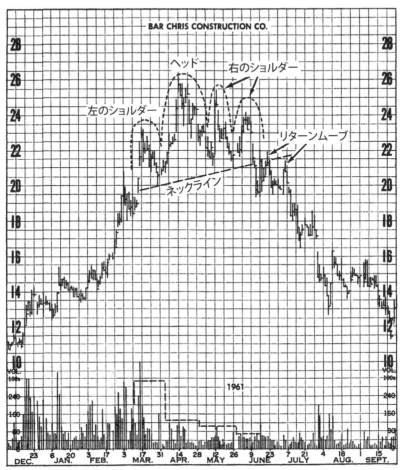

このチャートも、カーブした上昇トレンドラインがクライマックスに達してヘッド・アンド・ショルダーズを形成している。今回は左のショルダーは１つだが、右のショルダーが２つある。そして、６月にネックラインをブレイクしたあと、右のショルダーに合わせたようにリターンムーブが２回あったが、これはよくあることだとは思わないでほしい。実際、ヘッド・アンド・ショルダーズのあとのリターンムーブは、複雑な形の場合でも、ないことのほうが多い。今回のパターンはかなり強力で、このあと株価は1962年２月までに９ドルまで下げ、1961年の上昇分を帳消しにした。ちなみに、本書を読み終えてからこのチャートを見直すと、フラッグ、ペナント、トライアングル、メジャリングギャップ、エグゾースチョンギャップなども見つけることができる。

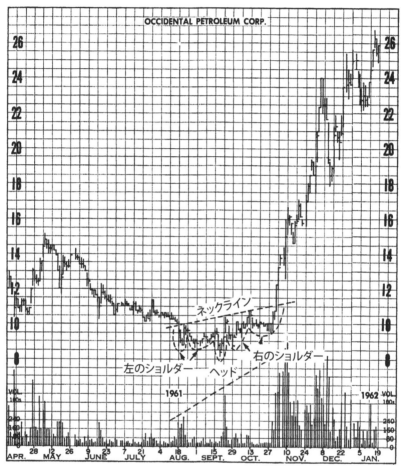

この逆ヘッド・アンド・ショルダーズは左のショルダーが２つとヘッドが１つと右のショルダー
が２つあり、全体が右肩上がりに傾斜している。ネックラインを上抜いたときは出来高が急増し、
そのあとのリターンムーブはなかった。株価は大商いを伴って、ほとんど中断せずに24ドルまで
上昇し、12週間で約３倍になった。ただ、この多い出来高のまま上昇のペースが鈍れば、それは
買い手には不利な展開と言える。差し迫った需要に応えるだけの十分な供給がなくなったことを
意味しているからだ。チャートの上級者ならば、この複雑な逆ヘッド・アンド・ショルダーズの
なかに小さなダイヤモンドが形成されていることに気づくだろう。ただ、今回のダイヤモンドは
より大きなフォーメーションに隠れており、重要性は低い。それ以外にヘッド・アンド・ショル
ダーズのなかにできやすいパターンとしてはトライアングルがある。

チャート14　バリアン・アソシエーツ──ヘッド・アンド・ショルダーズのダマシパターン

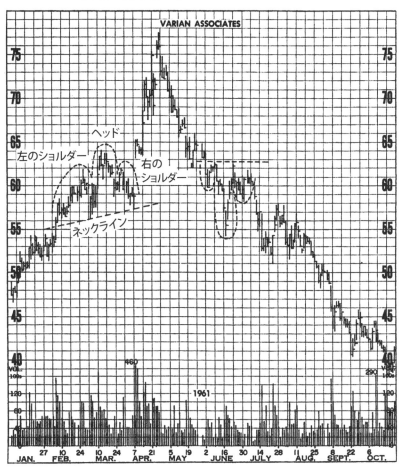

このチャートにはヘッド・アンド・ショルダーズのダマシパターンの興味深い例が2つ形成されている。2月から4月にかけてヘッド・アンド・ショルダーズが形成されるように見えるが、最後の下げで「ネックライン」を試すと思った直後の4月8日に、前日の終値から4ポイント上げて始まり、出来高も急増した。株価はそのまま右のショルダーもヘッドも超えて強い上昇を見せた。そして6月になると再び同じような水準で今度は逆ヘッド・アンド・ショルダーズに似た形ができたが、株価はネックラインをブレイクすることなく急落して安値を更新したことで、さらなる下落を示唆した（第7章を読むと、今回の高値がまさにV字フォーメーションだということが分かる）。

5

ダブルトップと
ダブルボトム

Double Tops and Bottoms

図23　ダブルトップとダブルボトム

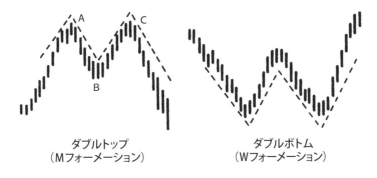

ダブルトップ
（Mフォーメーション）　　　　ダブルボトム
（Wフォーメーション）

　有名なチャートパターンのなかでも最もだまされやすいのが、ダブルトップとダブルボトムである。それでも、経験豊富なアナリストは、長年これらが市場の転換点や反転ポイントでよく見られることを認め、価値の高いパターンと考えている。また、初心者もこれらのパターンは見つけやすいため、お気に入りだ。

　ダブルトップ（**図23**）はアルファベットのMに似た形で、Mフォーメーションと呼ばれることもある。これは、株価が急上昇してAで反転し、途中のBまで下げたあと再びA近くのCまで上昇し、あとは反転してBを超えて下げるパターンである。ここまで書けばもう想像がつくと思うが、ダブルボトムはWフォーメーションとも呼ばれている。

　株価の日足チャートは通常ジグザグに動くため、新人アナリストにはすべての動きがダブルトップやダブルボトムに見えるかもしれない。しかし、実際にはダブルトップやダブルボトムになりそうな動きが完成に至ることはほとんどない。さらに言えば、本当のパターンはトレンドの反転が明らかになり、株価がかなり動くまで簡単に判定することはできない。

　主な理由の1つは第4章で指摘したように、株価にとって、前の高

値が抵抗線になったり、前の安値が支持線になったりすることがよく
あるため、いったん止まったり、少し押したり、戻したりすることに
ある。しかし、それはほんの短い中断にすぎず、この時点で待ち構え
ているすべての供給や需要を吸収して、この水準を簡単に突き抜け、
進んで行くこともある。初心者には、停止したところがMの高値やW
の安値に見えてしまうかもしれないが、これはたくさんあるチャート
の形状のなかのよくあるプライスアクションにすぎない。

　ここで、本物のダブルトップを市場心理の観点から検証してみよう。
最初のピークは、市場の需要を満たす十分な供給がある価格水準を示
しており、押しは緩やかになる。この押しは、かなり多くの人が利食
うために売ったことと、さまざまな理由で株価が現時点で上がれると
ころまで上がりきったという十分な情報に基づいて売ったことが合わ
さって起こったと考えられる。

　株価が反転すると、「弱気」の保有者は高値で売るチャンスを逃し
たと感じる。そこに「安値買い」や楽観的な買い手が参入して株価を
前の高値まで戻すと、最初の高値で売りそびれた弱気の人たちが競っ
て手仕舞う。また、1回目の高値ですべて売らなかった人たちも残り
を売ろうとする。そうなると、供給が再び増えて株価は下がる。この
とき、株価が最初の反転の安値を超えていけば、高値付近の価格の需
要はすでに満たされ、そのあとも供給が需要を上回っていることは明
らかだ。こうして上昇の可能性がなくなると、最も抵抗が少ない下落
の道を進むことになる。

出来高

　ダブルトップが形成されるときは、通常、出来高がそれぞれの高値
で急増する。しかし、ダブルトップとダブルボトムの有効な研究によ
って、出来高のパターンにはかなりの変形があることも分かっている

図24　揉み合いのあるダブルボトムと揉み合いのあるダブルトップ

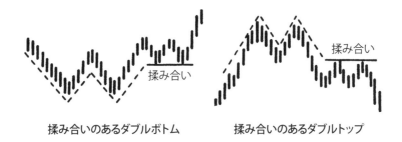

揉み合いのあるダブルボトム　　　　揉み合いのあるダブルトップ

ことは覚えておいてもらいたい。出来高が一方の高値では少ないのに、もう一方の高値では多くなることもあれば、非常に強力な高値や安値を付けても全体の出来高は非常に少ないということも実際にある。そこで、ルールは次のようにしておく。高値（安値）の1つか、その両方での出来高が多くなるか、出来高が極端に減るとかのいつもと違う変化があるときは、ダブルトップ（ダブルボトム）と確認されることが多い。

変形

　日足チャートで形成されるダブルトップの多くは、一方の高値がもう一方よりも高くなっているが、それでも本物の反転パターンになっている（**図24**）。なかには、ダブルトップやダブルボトムの完成前にいったん止まり、小さな揉み合い（プラットホーム、踊り場）があってからパターンが継続することもある。このようなことが起こるのはダブルボトムのほうが多い。この揉み合いはWの真ん中の足を過ぎた辺り、つまりブレイクアウトしたところにできる。

　トリプルトップやトリプルボトムもよく知られている有効なパターン（**図25**）だが、これは日足チャートでは見られるものの、週足や

図25　トリプルトップとトリプルボトム

トリプルトップ　　　　　　　　　　トリプルボトム

月足ではほとんど見られない。トリプルトップは、ダブルトップの2つ目の高値から下げたところで、前の安値近くの支持線に買いがあり、その水準をブレイクしてダブルトップを完成するのではなく、3つ目の高値に向かって上昇し、再び下落する。ただ、そのころには、過去2回の安値における需要はほぼ満たされているため、3回目はそのまま下げていく。出来高は、最初の高値では多いかもしれないが、2回目と3回目の高値では減っていく。そのあと、新しいメジャーなトレンドの方向性が決まると、出来高は増えていく。

作戦

保守的にチャートを見る人は、パターンが完成するのを待ってポジションを仕掛ける。しかし、投機志向の強い人は完成を見込んで「高値で売り、安値で買う」。ここは自分のリスクのとり方に合わせて行動してほしい。

ただ、いくつか警告しておくべきことがある。まず、小さなパターン（短期間にできる形）から大きな動きを期待しないことである。最初に書いたとおり、ダブルトップやダブルボトムはチャートの経験が

豊富な人でも見極めるのが難しい。ただ、次のような質問の答えがイエスならば、リスクを最小限に抑えることができる。

①1回目の高値から5％以上下げたのか。

②1回目の高値を付けたとき、出来高に顕著な増減はなかったのか。

③この株の過去のチャートの動きから、その場所は主要な転換点となる可能性があるか。例えば、長期的な支持線や抵抗線があるか、メジャーなトレンドラインがブレイクされたことがあるのか。

④株式市場全体が下降トレンドか、少なくとも中立状態にあるのか。

チャート15　アメリカン・マシン＆ファウンドリー──揉み合い付きの ダブルボトム

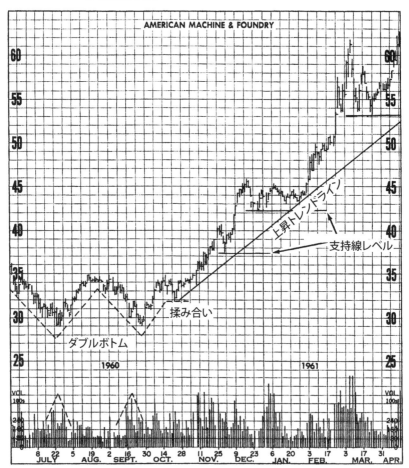

これもダブルボトムに小さな揉み合い（プラットホーム、踊り場）の付いた完璧な例の1つと言える。出来高は2回の安値で少し増えたが、揉み合いからの上昇で目に見えて増え、パターンが完成した。ここで66％上昇する間に、メジャーなトレンドラインも支持線もブレイクされることはなかった。そのうえ、1961年5月（このチャート外）に株価がトレンドラインと107ドルの支持線を割り、そのまま下げたことも興味深い。そして年末までに70ドルから上げた分はすべて帳消しになった（本書を読み終わってから再度このチャートを注意深く分析し直して本章で取り上げなかったフォーメーションも見つけてほしい。メジャードムーブ、ウエッジ、ヘッド・アンド・ショルダーズのダマシなど）。

チャート16　リーソナ──ダブルトップ

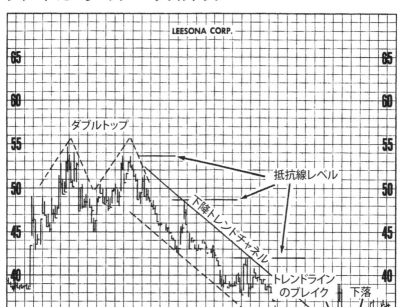

3月に形成された最初の高値は12月に33ドルから始まった上昇の頂点であり、4月に付けた2回目の高値は出来高が減っていたため、新高値へのブレイクアウトはあまり期待できない。実際、株価が最初の高値（54ドル5/8）に近づくと、出来高が増えて上昇が跳ね返された。この水準での売りの供給が需要を大きく上回っていることは明らかで、下落が45ドルの水準を下回るとダブルトップが完成した。そのあと、株価は前回の上昇分をすべて帳消しにした。下降トレンドチャネルの線については、10月にトレンドラインをブレイクした上昇と、磁石のようにトレンドラインまで下げた下落に注目してほしい（第2章参照）。また、この下落の間に抵抗線レベルを一度もブレイクしなかったことも重要だ。

チャート17　スタンダード・コールスマン──ダブルトップ

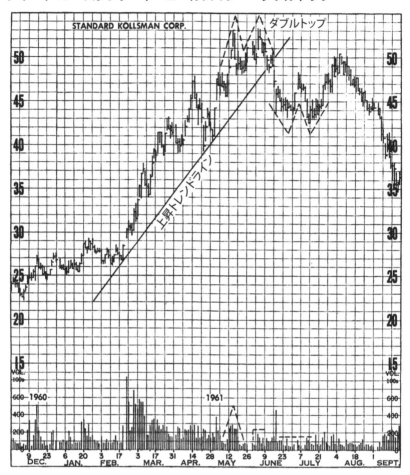

　5月から6月にかけて形成されたダブルトップは、完成直後にダブルボトムに似たパターンが形成されているのが非常に興味深い。均衡した珍しい形状はダブルトップに疑問を呈したが、結局は高値からの下げを一時中断しただけで、そのあと再び下落した。今回の2つの形状を分析するときは、長い上昇トレンドの末に有効なダブルトップができたことと、完成したときにメジャーな上昇トレンドラインをブレイクしたことに注目してほしい。出来高は最初の高値では多かったが、2つ目の高値では少なかった。一方、2つ目のダブルボトムに似た形は最初のダブルボトムが形成される可能性が低い水準にある。出来高も両方の安値で少なく、そのあとの上昇もチャートの重要なポイントを超えることはなかった。今回のダブルトップを見て不安になった人もいただろうが、結局は有効なシグナルだったことが判明した（株価は1962年2月には29ドルを割り込んだ）。

チャート18　ゼネラル・タイヤ──ダブルボトムの変形

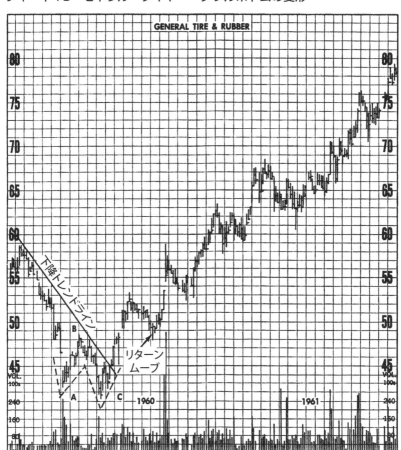

このダブルボトムを、株価が11月の上昇で10月の高値（B）を超えてパターンが完成する前に見つけるのは、難しいが不可能ではない。2回目の安値（C）が1回目（A）よりも1ポイント以上安かったことで不確実性が生じたかもしれない。ダブルボトムの大部分は、2回目の安値が1回目よりも若干高く、今回のようになることは非常に少ないからだ。しかし、本章で書いたとおり、「高値（ダブルボトムの場合は安値）の1つや両方の出来高が多くなるときにダブルトップ（ダブルボトム）が確認されることが多い」。これが1つ目のヒントで、2つ目のヒントは、11月の第1週の上昇がそれまでの高値を結んだ下降トレンドラインをブレイクしたことだった。そして、もちろんBを超えて上昇し続けたことでダブルボトムが完成した。Cからの上昇がBを大きく超えたことで、そのあとの押しはリターンムーブとみなすことができる。

チャート19 ライオネル——トリプルトップ

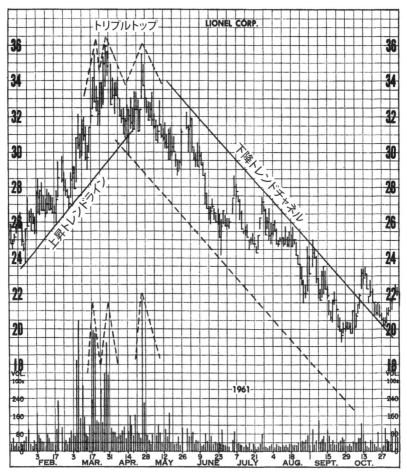

3月21日、株価は史上最高値の35ドル1/2に達したが、終値は前日の終値を割り込んでリバーサルデイになった（第11章参照）。それから6営業日後に、株価は先のリバーサルデイの高値よりもわずか3/8ドル高い35ドル7/8を付け、新高値を更新した。さらに4週間後、3回目の高値を目指したが35ドル1/2にとどまった。3回の高値は大商いで、全体としてトリプルトップを形成した。これまでの章でトリプルトップは珍しく、よくあるダブルトップの変形に分類されると書いた。実際、最初の2回の高値は明らかなダブルトップに見え、それに従って仕掛けた人は3回目の上昇で動揺したかもしれない。しかし、3回目の上昇が前の2回の高値を超えていかないかぎり、ポジションを変えてはならない。結局、そのあと下降トレンドラインに沿った下落が10月まで続いた。

チャート20　デュポン（週足）──ダブルボトム

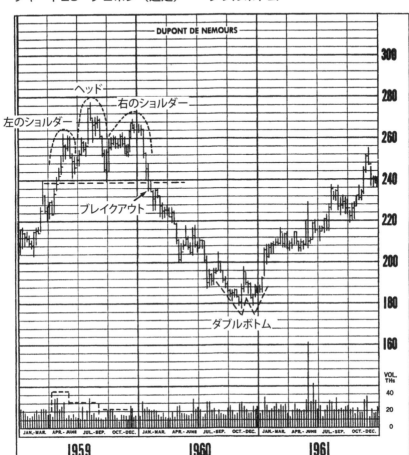

このデュポンのチャートは週足チャートでも日足チャートと同じようなパターンが形成されることを示す2枚目の例である。1960年末に形成されたダブルボトムは、約100ドルに及ぶ下降トレンドを反転させた（これは「ブルーチップ」と呼ばれる優良株でもこのように下げることが理解できない「十分な知識を持たない人」には少しショックかもしれない。ちなみに、デュポンは「ブルーのなかのブルー」と呼ばれる超優良株）。株価は、177ドル近辺で買いが入って20ポイント上げたが、そのあと再び下げて177ドルを試した。そして、177ドルの少し上で需要が再び高まり、次の上昇前の前の高値を超えたため、ダブルボトムが完成した。ちなみに、1959年の高値はヘッド・アンド・ショルダーズになっている（ただし、ネックラインへのリターンムーブはなかった）。それでも株価も出来高も典型的な形になっており、これまでの章の最適の例としても使えるものになっている。

6

ラインとソーサー

Line and Saucer Formation

　ラインとソーサーは、チャートを読む人にとっての夢のパターンと言える。これは簡単に見つかり、信頼でき、価格が大きく動く前兆となり、何よりもスイングの高値や安値近くでポジションを建てる時間が十分ある。欠点はただ１つ、活発にトレードされている人気銘柄ではなかなか形成されないことにある。

　ラインの形状が主要な安値を形成すると、長期に及ぶベース（ロングベース）と呼ばれる（**図26**）。これは、チャート上では狭い値幅の長い横ばいとして現れ、そのあと突然、それまでのレンジを大きく超えて新しい高値圏に移行する。ちなみに、ラインの部分が主要な高値を形成し、アメリカ西部のメサ（台地）に似た形になることもあるが、これはかなり珍しい。

　一方、ソーサーはラインフォーメーションと非常に関連性があるが、異なる性質を持ち、ラインよりも素早く形成される（**図27**）。ソーサーボトム（鍋底）は株価が少しずつカーブをしながら上昇していき、ソーサートップ（鍋底天井）は少しずつカーブをしながら下落していく。このカーブは当然、この先の主要な動きの方向を示唆しているが、そのほかにも見た目の特徴がある。ソーサーの大部分（すべてではない）は、大きく動き出す前にハンドル（または揉み合いとか踊り場）と呼ばれる横か斜めの線が形成されるのだ。このパターンは、もしかするとソースパン（鍋）と呼ぶべきなのかもしれない。

形成の過程

　チャートの有効なパターンはすべて、特定の状況における典型的な市場心理から発生している。例えば、ラインボトムや長期に及ぶベースは、株の需要と供給のバランスが安定的に取れているときに形成される。出来高が少ないのは、先の展望に変化がないからで、良くも悪くも注意を引くニュースがない。株主にはその価格水準で売る理由が

図26　ラインボトムとライントップ

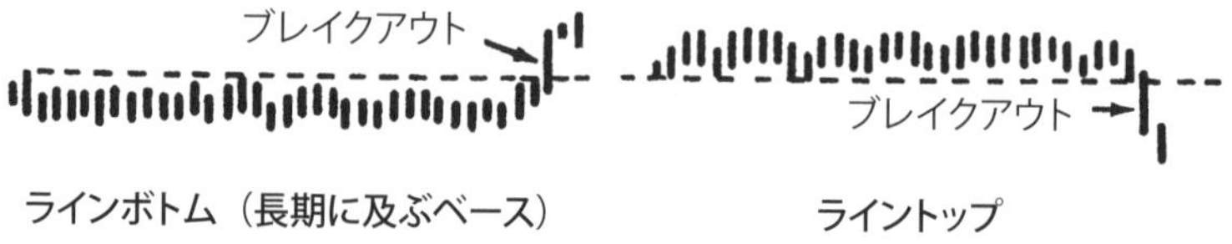

ラインボトム（長期に及ぶベース）　　　ライントップ

図27　ソーサートップとソーサーボトム

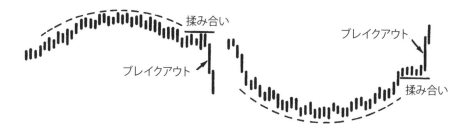

なく、潜在的な買い手もそこで買う理由はない。価格を競り上げて売り手をあぶり出す必要があればなおさらだ。この長期に及ぶベースがブレイクアウトされ、出来高も多ければ、何かが起ころうとしている可能性が高い（例えば、新製品の発売、売り上げや利益の急上昇、合併など）。そして、この噂や事実がその株の需要を通常よりも増加させる。ちなみに、このようなブレイクアウトが会社の発表によって起こることはほとんどない（発表はたいていあとになる）。多くの場合、「インサイダー」が「長期に及ぶベース」の間に密かに買い進めている。どのような価格でも、情報を持つ人が買い進めれば、事実を知る人は遅かれ早かれ増えていき、株価も上がり始める。

出来高

　ラインやソーサーには、株価の動きのあとに出来高がしっかり増えているという明確な特徴がある。出来高はライン（ベース）の間は特に少なく、ブレイクアウトして新しい高値圏に入っても最初は比較的少ないが、そのあと劇的に増える。

　一方、典型的なソーサーは、出来高が安値に向かって少しずつ減っていき、反転すると少しずつ増え、カーブをしながらパターンの完成に向かうか揉み合いや踊り場に入る。つまり、出来高自体もソーサーの形になっている。株価の動きは、揉み合いが始まったときと、最後に揉み合いをブレイクしたときに、かなり活発になることがある。

　最初に、ラインとソーサーのフォーメーションは簡単に見つかると書き、見つけ方についても書いた。ただ、ここで警告しておきたい。どのようなパターンでも、ほぼ完成するまで待ち、見込みで動いてはならない。このことは、たとえライン（長期に及ぶベース）のような単純なフォーメーションであっても言える。株価があるパターンを形成しているように見えても、瞬く間にまったく違う形に進展してしまうことがよくあるからだ。

　ここで、ベースフォーメーションの興味深い変形について書いておきたい。ブレイクアウトの直前に、「ふるい落とし」（反対方向への突発的な動き）が起こることがあり、それが株を保有している気弱な人や十分な情報を持っていない人を「ふるい落とす」ことがある（図28）。このふるい落としの間に株価は下げて新安値を付け、そのあとベースを上抜いて新しい高値圏に入り、出来高も増える。この短期の下落は弱気に見えるが、実際には正統派のベースフォーメーションからの大きな上昇につながる。

図28　長期に及ぶベースとふるい落とし

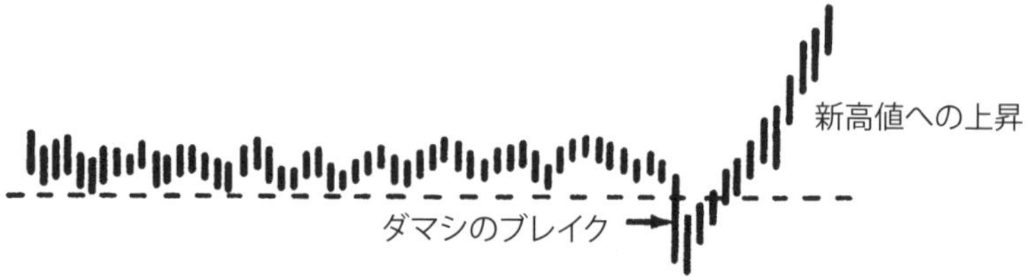

新高値への上昇

ダマシのブレイク →

作戦

　残念ながら、この「夢のフォーメーション」は有名銘柄や人気銘柄ではあまり形成されない。つまり、ラインやソーサーは、出来高が少なく、一般投資家があまり情報を持っていない銘柄で形成されやすい。ただ、このようなパターンに従うと、潜在利益は大きく、リスクは最低限に抑えられる。そのため、投資家やアナリストはある程度の数のチャートの観察を続けてラインやソーサーを探すとよい。

　長期に及ぶベースを形成した株を買うならば、ブレイクアウト直後が最高のタイミングとなる。確かに、どのフォーメーションでもブレイクアウトしてから上昇が加速する前に、ベースへのリターンムーブ（下落）があることが多い（図29）。しかし、このフォーメーションからの上昇は非常に急なため、ためらっていると乗り遅れてしまうかもしれない。

　ソーサーボトムの場合は、ポジションを仕掛けるための時間の余裕がある。実際、有利な買いのタイミングは4回ある。

①上昇カーブで、出来高も増え、株価も少しずつ上昇しているときに買う。
②カーブの最後に、株価が水平になって出来高が減ってきたときに

図29　長期に及ぶベースと出来高の推移

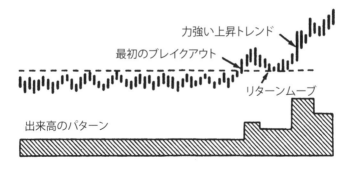

力強い上昇トレンド

最初のブレイクアウト

リターンムーブ

出来高のパターン

図30　ソーサーボトム

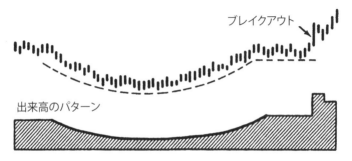

ブレイクアウト

出来高のパターン

　買う。ただし、カーブの最後を予想するのは難しい。

③揉み合い（踊り場）が形成されているときに買う。できれば揉み
　合いの下限で買いたい。

④揉み合いをブレイクアウトしたときに買う。

チャート21　サーテン・ティード——ラインボトム（長期に及ぶベース）

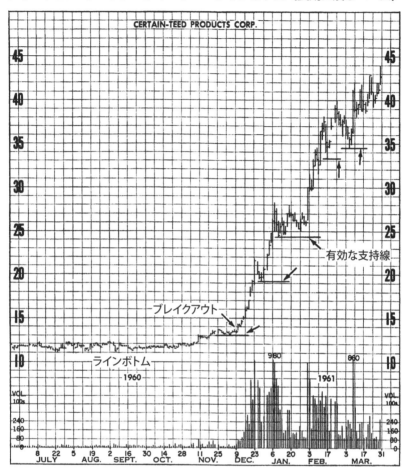

このチャートを紹介することにしたのは、異常に長期に及ぶベースが形成され、その間ほとんど動きがなかったからだ。もっと長期のチャートでないと分からないが、実はこのラインの形状は数年間続いていた。そして、ベースが終わると株価も出来高もカーブしながら増えていった。つまり、昔ながらの「ベースが長いほど動きも大きくなる」はここでも有効だった。今回の上昇は、11月に13ドルから静かに始まり、チャートが終わる3月31日には44ドルを付け、5月には64ドルに達した。チャートが期待どおりに動くときと動かないときを記録している人にとっては、この上昇の間に有効な支持線（チャート上の水平な線）が一度もブレイクされなかったことも興味深い点と言える。

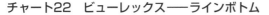

チャート22　ビューレックス──ラインボトム

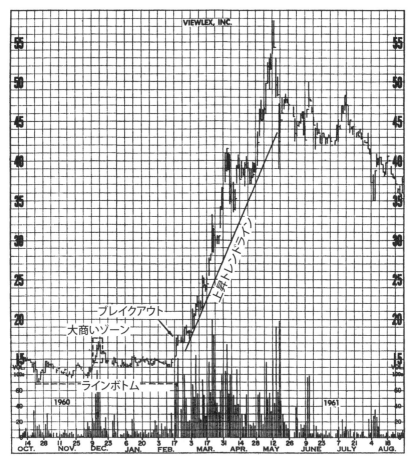

今回のベースは、株価が新高値を付けて出来高も急増した2月末まで完成していないが、12月に上昇したときに出来高も急増したことは2月の大幅な上昇をかなり前に示した強気のシグナルになった。過去10年間の素晴らしい強気相場の多くは、事前にこのようなシグナルがあった。どの銘柄でも、薄商いで横ばいが続いているときはこのような出来高のシグナルに注目するとよい。出来高の急増は、テクニカルアナリストに何か大きなことが起ころうとしていることを知らせてくれる。もしそれがダマシになれば、それは機が満ちていないことを意味している。大きな動きまで2〜6カ月待つことは珍しくない。この出来高のシグナルは「大商いゾーン」と呼ばれ（第3章）、有力な抵抗線レベルをピンポイントで教えてくれる。もしこのレベルを超えることができれば、上昇が加速する可能性がある（第11章を読むと、このチャートの高値がツーデイリバーサルであることが分かる）。

チャート23　デイストロム──ソーサーボトム

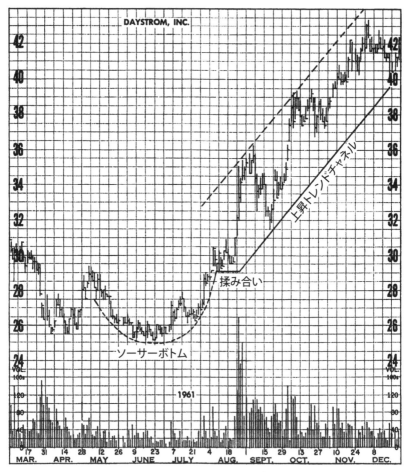

この5月から7月にかけたソーサーボトムは、どちらかと言えばカップ・アンド・ハンドルに見える。株価は曲線を描きながら底を打ち、出来高も同じパターンを形成した。7月にソーサーの形が少し不規則になっているが、出来高にあまり変化はなかった。揉み合いからのブレイクアウトは出来高も増加し、上昇中も比較的高水準を維持していた。本書を読み終わったら、再びこのチャートを見てほしい。8月と9月に興味深い展開があるからだ。8月の終わりに、つまりぎみの右上がりのフラッグがある。これは未完成ながらも最も信頼できる「強気」のフォーメーションの1つだが、結局は下げたところで小さな逆ヘッド・アンド・ショルダーズが形成された。これがそのあと、10〜11月のフラッグにつながった。

チャート24　カイザー・ロス──ソーサーボトム

この丸いソーサーボトムは途中で２日間の大商いによって中断された。この突出した出来高の時期に大商いゾーンとして印をつけたのは、ここで株主が大幅に入れ替わったからだ。株価がのちにこの水準を超えれば、市場は上昇を続けていくのに適した状況になると考えられる。このゾーンで買った人が含み益を得ているということは、このゾーンよりも上にあった株の売りが少ないことを示している。また、このゾーンはビューレックスのチャートで見たような予備的なシグナルと考えることもできる。どの水準でも、この大商いゾーンは主要なベースパターンのなかにできる。そして、このゾーンのすぐ上に小さな揉み合いが形成され、そのあとの上昇は大商いを伴っているため、このパターンの期待どおりの展開になった。

チャート25 ダイナミクス・コーポレーション──長期のソーサーボトム

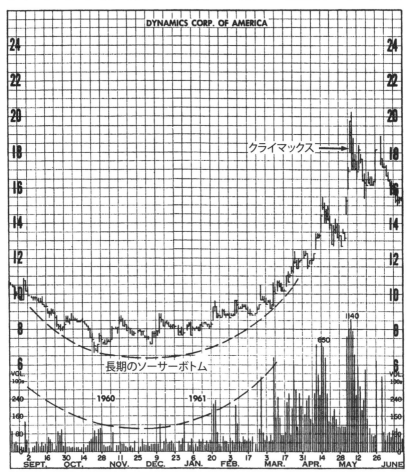

このソーサーボトムは7カ月をかけて形成されたが、長く待つかいは十分あった。株価は安値から高値までで3倍になり、3月からの8週間で2倍になった。ソーサーの期間は薄商いだったが、株価の上昇が始まると増えていった。今回のソーサーには揉み合いやハンドルはなく、それが前の2つの例とは違っている。また、ソーサーの多くは形成にかなりの時間がかかるラインボトムよりも短い期間で完成するため、今回はかなり長くかかったケースと言える。

チャート26　シーグラー──ソーサートップ

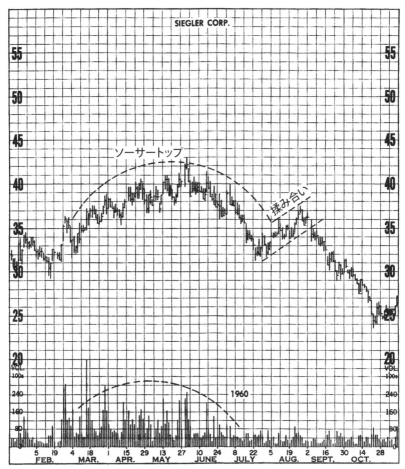

6月に2日間、出来高を伴って新高値を付けたことを除けば、これは典型的なソーサートップになっている。いずれにしても、曲線の反転と揉み合い（あるいはハンドル）からの展開は疑う余地があまりない。さらに、出来高のパターン自体もソーサートップをなぞったようになっていて興味深い。ソーサートップの出来高はこのようなパターンになることがよくあるが、逆に高値で出来高が少なくなる場合もある（出来高の逆パターン）。ただ、ソーサーボトムで出来高が株価のパターンに沿っていないケースはあまりない。

7

V字トップとV字ボトム

V Formations

　どの市場にも言えることだが、株式市場でも利益があるところには
リスクもある。そして、一般的に潜在利益が大きいほど、リスクも大
きくなる。そのため、ダイナミックな価格スイングを生み出す一連の
強力な反転パターンは、残念ながら予想したり分析したりするのが最
も難しいパターンでもある。実際、パターンが完成したとしても、経
験豊富な人でさえトレンドが通常どおり始まるかどうかを確信するこ
とはできない。このようなとらえにくいチャートのパターンが、V字
フォーメーションである。

　ほかの反転パターンならば、買い手や売り手はある程度の期間、優
位性を競いながら立場を入れ替えていく期間がある。この勢力の相互
作用が、市場における反転の準備段階かもしれないと言われており、
それがチャート分析への警告になる。ただ、V字フォーメーションの
場合は違う。V字は、その名のとおり準備段階がない。ほかの反転パ
ターンのように、下降トレンドから上昇トレンドに漸進的に変化して
いくということがないのだ。そうではなく、V字ターンはほとんど警
告なしに出現する。劇的かつ決定的で、まるで何らかのあらかじめ決
まっていたシグナルによって、売り手が提供しようとしていたすべて
の株が突然奪われ、買い手がしばらく優勢に立ったように見えるのだ。

　そのため、V字フォーメーションはトレンドの鋭い反転のシグナル
になるが、これは最も分析が難しいパターンでもある。とはいえ、こ
れを見つける助けになるヒントがいくつかある。また、そのあとはた
いてい大きなスイングが続くため、これを習得する価値はある。この
パターンの謎を解く助けになるように、本章末で実際の例を詳しく検
証していく。

　まずは、V字パターンを定義しておこう。このパターンは、典型的
なV字形と拡張版のV字形という2つのタイプがある。

図31　Ｖ字ボトムとＶ字トップ

典型的なＶ字ボトム　　　　　逆Ｖ字形（Ｖ字トップ）

典型的なＶ字形

典型的なＶ字形（**図31**）は文字どおりＶの形をしており、３つの部分から成っている。

A．下降トレンド　Ｖの左半分で、急で長いことが多いが、ゆっくりで不規則なこともある。いずれにしても下落していく。

B．ピボット　１日だけの動きで、たいていは下落の安値になっている。より緩やかに反転することもあるが、安値エリアに２〜３日以上留まることはあまりない。ほとんどの場合、出来高が安値近くで目に見えて増える。出来高が最高になったときを反転日またはクライマックスの日とするときもある。

C．上昇トレンド　株価が下降トレンドの高値を結んだトレンドラインを上抜いたときが、反転の最初のシグナルになる。反転したあとは、出来高が少しずつ増えていく。この段階の初期は問題が起こりやすい。株価が十分に動かなければ、このフォーメーションが有効なＶ字ターンかどうか分からないからだ。ただ、典型的なＶ字形の上昇トレンドの段階は、その前の下降トレンドをなぞる

ことが多い。つまり、もし下降トレンドＡの傾斜が45度ならば、
上昇トレンドＣも同じ45度の角度で上がっていく可能性が高い。

逆Ｖ字形（Ｖ字トップ）

高値を示す逆Ｖ字形は、その名のとおりＶ字ボトムの逆になってい
る。ほとんどの場合、出来高はピボット近辺で急上昇し、株価も出来
高もＶ字形の逆になる。しかし、反転するときの出来高は普通か、か
なり少なくなることもある。

拡張版のＶ字形

拡張版のＶ字形（**図32**）も典型的なＶ字形と同様に強力だが、あ
る大きな違いによって正確な予想につながる。典型的なＶ字形ではピ
ボットのあとに下降トレンドを上抜くとすぐに上昇の動きが始まるが、
拡張版のＶ字形の場合は水平に近い大きなトレードレンジができ、い
ずれレンジの上限をブレイクして、パターンが完成する。拡張版のＶ
字形を構成する４つの部分を細かく見ていこう。

Ａ．下降トレンド　典型的なＶ字形と同様に、急なこともあれば不規
　　則なこともある。また、下降トレンドが「横ばい」や「揉み合い」
　　で中断されてから底に至るケースもかなりある（それでも全部と
　　はほど遠い）。

Ｂ．ピボット　ここも典型的なＶ字形と同様に、たいていは１日で反
　　転するが、数日かかるケースもある。出来高のパターンも典型的
　　なＶ字形と似ており、たいていは急に増える。

Ｃ．最初の上昇　株価は、①下降トレンドライン（直前の下げの高値
　　を結んだ線）、または②ピボット直前の「横ばい」か「揉み合い」

図32　拡張版のＶ字ボトムと拡張版の逆Ｖ字トップ

拡張版のＶ字形（ボトム）　　　拡張版の逆Ｖ字形（トップ）

の上限を結んだ線）を上抜き、そのとき出来高が増える。

Ｄ. **揉み合い**　この部分が典型的なＶ字形と拡張版のＶ字形を分け、
それによって判別しやすくなっている。揉み合いは水平のときも
あるが、たいていは少し右下がりに傾斜している。揉み合いが形
成されているときは、出来高は少なくなる。しかし、ブレイクア
ウトの方向に最後のスイングが始まると、出来高も増えていく。
また、ブレイクアウトのときは出来高が急増することが多い。

　株価が揉み合いの上限をブレイクして出来高も多ければ、拡張版の
Ｖ字形が完成したことを確認したとみなすことができるかもしれない。
もしこの揉み合いが下に傾斜していれば、その高値を結んだ下降トレ
ンドラインを上抜けたときに注目する必要がある。もしこのとき出来
高が増えれば、パターンが継続する可能性が高いため、拡張したスイ
ングの安値近くで買ってもよい。

左辺拡張版のＶ字形

　拡張版のＶ字形のなかには、揉み合いが前述した右辺にできるもの

図33　左辺拡張版のV字ボトムと左辺拡張版のV字トップ

左辺拡張版のV字ボトム　　　　　　左辺拡張版のV字トップ

ではなく、左辺にできることもある。人間も、生まれつき虫垂が左で、心臓が右にあっても問題なくやっている人もいる。左辺拡張版のV字形も株価の反転を通常のパターンと同じように意味する。

作戦

　トレードでは確率（あるいは勝率）を知り、それに基づいて仕掛けるとよい。逆に、市場の動きや数学に関する少ない情報に基づいて厳密な「システム」を作り、資金が続くかぎりやみくもにそれに従うのは良くない。知識を実際の市場で応用するときは、状況に合わせて柔軟に、想像力を働かせる必要がある。

　このことは、最初に書いたとおり、予想や分析が非常に難しいV字形について特に言える。ただ、それが不可能だと言っているわけではない（それならばここで紹介する意味がない）。V字ターンかもしれない動きを見たときには、ダマシのシグナルに警戒し、落とし穴を知り、潜在利益とともにリスクも意識し、後退したら急いで対処できるようにしておく必要ある。

　柔軟なアプローチが必要な理由は、V字形のでき方に関係がある。

動きが活発な株は、短期トレーダーや情報を持った投資家や一般投資家などさまざまな人たちが注目している。そして、ほぼすべてのチャートパターンには、この３つのグループの相互作用が見られるが、Ｖ字ターンは違う。後者は通常、市場心理が劇的に変化した結果であり、情報を持っている投資家でさえ予想しなかった何か驚きをもたらす展開の末に起こる（彼らでも十分な情報を基に下降トレンドの大底で買えることはほとんどなく、下落時に「買い集めて」いる可能性のほうが高い）。

予期しないニュースや政治的出来事だけでなく、ニュースキャスターの一言でもブローカーに注文が殺到して急にトレンドが反転することもある。そして、このような反転は、そもそも予見することなど不可能である。

例外は、大量の株が売りに出る場合で、その場合は株が注意深く安定的に供給されるため、株価に持続的な圧力がかかる。しかし、その供給がなくなると、株価は伸ばした輪ゴムが縮むように、元の水準を回復する。

いずれにしても、チャートを使う投資家はＶ字形が完成するのを待ち、その株の過去の動きと当面の状況の性質を調べて、そのあとのスイングがどこまで続くかを予想したうえで、注意深く仕掛けてほしい。

初心者は（もしかすると経験豊富な人も）、実際に資金を使ってトレードする前に、Ｖ字形のパターンを使って何回か「予行演習」をするほうが安全だろう。分析において、練習に代わるものはない。次ページからは、過去に問題があったケースをいくつか紹介していく。これらが柔軟であることの必要性を強調し、難しいが利益も大きいＶ字ターンに対処するための経験を増やす助けになればうれしい。

チャート27　アメラダ——典型的なV字ボトム

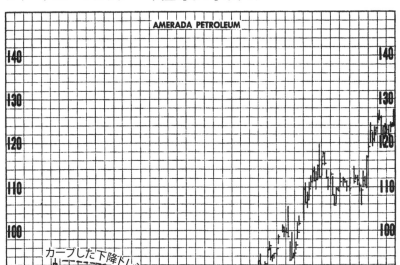

典型的なV字ボトムが11週間で50ポイント上昇する口火を切った。驚くべきは、市場平均が低迷し、マーケットブレドゥス（上昇銘柄数や下落銘柄数やセンチメント）を調べてもほとんどの株が下降トレンドにあったことだ。しかし、1961年9月にこの株価の動きを追っていた人ならばこの底に近い反転を見つけることができたかもしれない。ヒントとなったのは出来高が急増し、ブレイクアウエーギャップが（第11章参照）ほとんどないカーブした下降トレンドラインがブレイクされたことだった。ただ、V字形は簡単には見つからないため、株価が80ドルに達して出来高が急増して典型的なV字ボトムが完成するまで待つ必要があるだろう。

チャート28　オウエンス・コーニング──拡張版のＶ字トップ

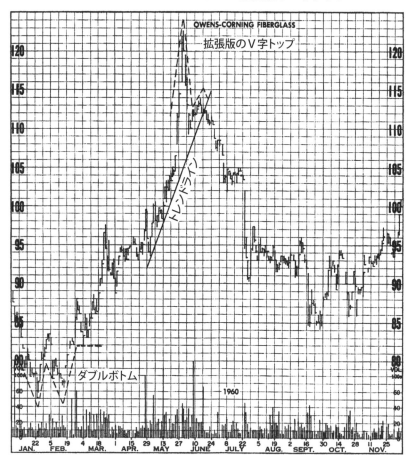

1960年５月から６月にかけて形成されたＶ字トップは、「教会の尖塔」と呼ぶ人もいるかもしれないが、本書で紹介している拡張版のＶ字トップの好例と言える。ここでは高値を付ける前からの急な右肩上がりのトレンドラインのあとに揉み合い（拡張部分）ができていることに注目してほしい。そして、元々の上昇トレンドラインをブレイクしたところで拡張版のＶ字トップが完成した。ただ、ここは反転して109ドル1/4を付けるまで待ったほうがよい。ちなみに、目の肥えた人は、1960年のオウエンス・コーニングのチャートには先のトレンドラインを除いて目立ったトレンドラインは引けなかったことに気づくと思う。２月からの上昇トレンドと、６月からの下降トレンドには、直線を引くことができないからだ。その一方で、このチャートは支持線や抵抗線の原則が素晴らしく守られているし、１月から２月にかけてのダブルボトムなどのフォーメーションが形成されている。株のチャートには銘柄ごとに性格があり、分析するときは銘柄の癖を注意深く調べてほしい。

チャート29　IBM──拡張版のＶ字ボトム（左辺拡張版）

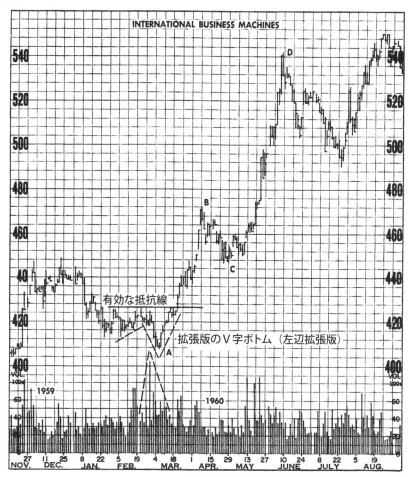

チャート分析は、株価が高いのに人気を保っているIBMを見ずして語れない。このアメリカビジネス界の雄と株式市場も、実は普通のチャートを形成している。拡張版のＶ字ボトム（左辺拡張版）が前の支持線ゾーン（1959年10～11月の揉み合い）で形成され、約134ポイントの上昇の舞台が整った。底近辺で出来高が多くなっているのは、株の所有者が大きく入れ替わっていることを示している。このフォーメーションは株価が抵抗線だったはずの水準（2月の高値）を超えたことで確認された。第8章を読み終えたら、メジャードムーブのフォーメーションも分析することができる（ここでは、最初のスイングのABよりも次のCDのほうが大きくなっている）。もう1つ興味深いフォーメーションは11月のペナントで、ここでは上昇トライアングルを下にブレイクアウトした。

チャート30　マック・トラックス──左辺拡張版のV字トップ

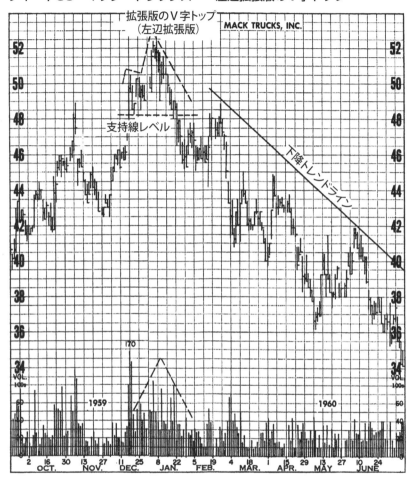

左辺拡張版のV字トップ（または逆V字）は、右辺拡張版のV字形よりも予想が難しい。今回の
マック・トラックスのチャートは特にそう言える。左辺での揉み合いがトライアングルに近い形
になっており、その最安値をブレイクするまでV字トップは完成とみなすことができないからだ。
揉み合いは、左辺でも右辺でも、ほとんどの場合は輪郭がはっきりしているため、株価がレンジ
の安値（V字トップの場合）をブレイクすれば、V字の反転パターンだと分析することができる。
このチャートでは、下落時にかなり荒れたスイングが見られるが、メジャーな下降トレンドライ
ンは保持されている。

チャート31　ウエスティングハウス・エレクトリック（週足）──典型的なV字トップ

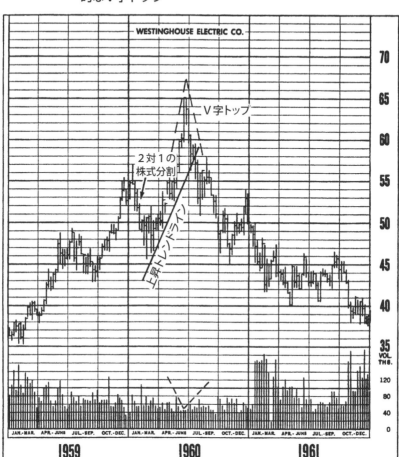

1960年にウエスティングハウスの週足に形成された逆V字（V字トップ）を、高値に近づいたときに見つけるのは極めて難しい。数少ないヒントは、①株価が天井に達したときに薄商いになった、②1960年7月にメジャーな上昇トレンドラインをブレイクした──ことだった。しかし、1960年1月の比較的急な反転をV字トップと誤解した人もいるかもしれない。これまでのチャートで紹介したV字ターンはもっと展開を予想しやすかったが、今回のような難しいものも時にはある。今回は週足なので、日足も合わせて分析すると、高値からあまり遠くないところで主要な反転パターンだということを確認する助けになるだろう。ちなみに、同じ時期の日足にはまったく違うパターンができているが、同じような予想ができる。これはほとんどのケースに言えることだが、いずれにしてもトレンドは、日足でも週足でも同じ方向を示していることが多い。

8

メジャードムーブ

The Measured Move

　すべての価格トレンドは、必ずどこかで止まる。時には、Ｖ字ター
ンのように予告なく新しい方向に向かうこともあるが、徐々に増えて
いく抵抗線にぶつかることのほうがはるかに多い。買い圧力が売り圧
力と同じになり、そのバランスがほぼ保たれている間は、株価がチャ
ート上を水平に動いていく。市場ではこれをためらう時期という意味
で「重大な岐路」（塀の上を歩く猫がどちら側に飛び降りるか決めて
いない時期）と呼んでいる。

　反対方向の圧力が高まったり弱まったりすると、市場の「重大な岐
路」における相互作用が何らかの反転パターンを形成することがあり、
これは将来、メジャーなトレンドが転換することを意味している。し
かし、時には支持線や抵抗線にぶつかり、そこにある需要や供給を消
化するためにいったん停止したあと、それまでのトレンドを継続する
ということもある。後者のような一時停止（ためらい）は、継続パタ
ーンを生み出す。これは何らかの形の横ばいで、トレンドを中断する
が、終わらせはしない。継続パターンの最大の価値は、将来の支持線
エリアを教えてくれることと、そのあとの価格スイングの程度を予想
できることにある（第２章、第３章、第４章参照）。

　これはバカにならないし、状況によっては、さらに使える。ためら
いが見られるエリアまでの株価の動きから、そのあとの株価の可能な
範囲、または次の「重大な岐路」にぶつかるところを予測できるから
だ。私たちはこの状況をメジャードムーブと呼ぶことにする。上昇ト
レンドの場合は、基本的にかなり大きい価格スイングが、中間辺りで
かなり急な「調整」（押し）または水平の揉み合いによって中断され
た動きと言える。中断はトレンドのスイングをほぼ同じ大きさのレグ
に分け、２つは平行になっていることが多い。言い換えれば、株価は
どちらもほぼ同じ期間に同じ距離を進む（２回目が少し短いときもあ
り、そのときは１回目よりも少し急になる）。チャート上では**図34**の
ように見える。

図34　上昇のメジャードムーブ

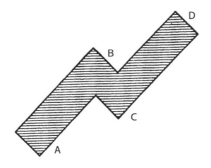

　ちなみに、**図34**がかなり太めになっているのは、このなかに含まれる小さな反転に惑わされないためである。証券会社の壁に貼ってある長期の平均株価を示す大きなチャートも、同じ理由で太い線になっている。そうすれば、小さな動きに惑わされずに主要な強気相場や弱気相場が山や谷として見えるからだ。それより規模は小さいが、メジャードムーブも大局的な視点で分析する必要がある。

　では、メジャードムーブを部分ごとに細かく見ていこう。

A〜B　最初のレグ　長く緩やかに上昇するときもあれば、素早く急上昇することもある。株価は通常、トレンドのチャネル内に収まっているが、明確なトレンドラインは、必ずしも安値を結んだ線ではなく、カーブしていることも多い。チャートのパターンを大局的に見るということを覚えておいてほしい。

B〜C　調整フェーズ　この部分は急に素早く押すこともあれば、保ち合いが長引くこともある。これは鉄道で線路を並行の別の線路に分岐するのと似ている。調整は、上昇幅全体の中間辺りで起こる。

図35　下落のメジャードムーブ

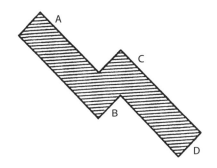

> **C～D　2本目のレグ**　この動きは最初のレグとほぼ同じになる。
> ただ、2本目のレグの長さは調整フェーズ（B～C）の安
> 値から測る必要がある。この部分は、出来高に重要な特徴
> がある。2本目のレグの多くは、中間辺りと3分の2辺り
> で出来高が明らかに増え、それを過ぎると減っていく。

メジャードムーブは、下落のときも上昇と同じくらい有効で、上の
説明を逆にすればそのまま使える。

下落のメジャードムーブの例も挙げておこう（**図35**）。

このパターンを認識できるようになったら、大事な点をおさらいし
ておきたい。メジャードムーブが始まる前にこれを予想する方法はな
い。それを予想しようとするのは、トレンドがまだ進行中に、どのよ
うな反転パターンができるかを予想するようなことと言える。いずれ
にしても、パターンがしばらく進展したあとでなければ、妥当な可能
性を判断することはできない。

その一方で、メジャードムーブは後半になると簡単に見分けること
ができ、「重大な岐路」について極めて信頼できる指標となる。また、
次のチャンスのタイミングを知るうえでも驚くほど役に立つ。

メジャードムーブがこれほどうまく機能する理由は分かっていない
が、推測することはできる。このパターンをピッチャーが投げた速球
と比べてみよう。バッターはかするのがやっとで、ボールは少し飛ん
だが元々の方向へのモメンタムを止めるほどの力はなく、少しそれて
キャッチャーのミットに入った。もしキャッチャーが捕れないと、ボ
ールはピッチャーが最初に加えたモメンタムがなくなるまで飛んでい
く。メジャードムーブの調整フェーズは、利食いや空売りやそのほか
のトレンドを抑制する動機によってできる。2本目のレグが1本目と
ほぼ同じになる理由を説明するには、高度な統計数学や心理学が必要
になる。もしかすると、株価がスイングの半分まで帳消しにする傾向
がある（50％ルール）ことと関係しているのかもしれない。しかし、
どのような理由であれ、メジャードムーブの2本のレグには、チャー
トを読むときに利用できる高い相関性がある。

　次は、実際の過去のケースを見ていこう。もしこれらの分析を読ん
でメジャードムーブを習得できると思えば、これを価値あるツールの
1つにぜひ加えてほしい。

チャート32　テキサス・インスツルメンツ──メジャードムーブ

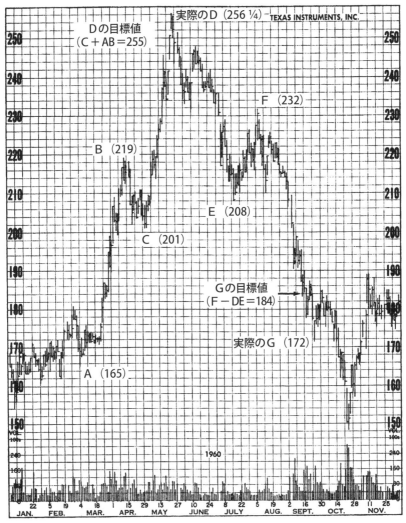

このメジャードムーブは、目標値をほぼ正確に当てた。A～Bの動き（219－165＝54）はC～D
の動きと同程度になると期待され、C（201）に54を足すと目標値は255ドルと推測できる。実際
のDは256ドル1/4で、推測値よりも1.25ポイント高かった。下げに転じてからは、D～E（256－
208＝48）がF～Gと同じになると推測されるため、F（232）から48を引くと目標値は184ドル
になる。実際のGは172ドルまで下落し、そのあとさらに149ドルまで下げた。面白いことに、安
値からの戻りは最初に推測した目標値に近くなった。ちなみに、BとDとFはヘッド・アンド・
ショルダーズを形成している。

チャート33　マグナボックス──メジャードムーブ

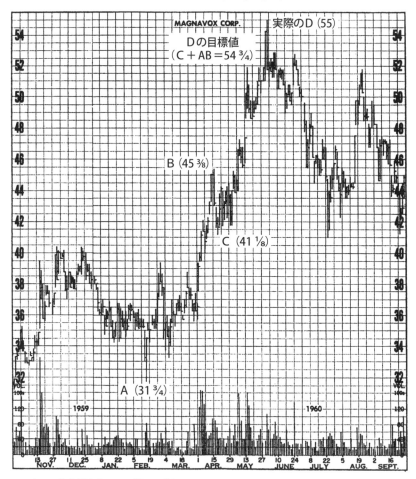

このチャートを紹介するのは特別に「良いチャート」、つまり、広範囲な上下動とたくさんのギャップによってフォーメーションが明確でないチャートでもメジャードムーブを分析できることを示しているからだ。2月に付けた底（A）は31ドル3/4で、次の重要な揉み合いは4月に45ドル3/8の下で形成された。この揉み合いの安値Cは41ドル1/8だった。Dまでのメジャードムーブの目標値は、まずB～A（45ドル3/8－31ドル3/4＝13ドル5/8）を求め、それをC（41ドル1/8）に足すと54ドル3/4になる。実際のDは55ドルに達し、目標値を0.25ポイント上回った。ただ、実際には目標値にこれほど近くなることはほとんどなく、多くはプラスマイナス数ポイントの誤差がある。

チャート34　ラジオ・コーポレーション・オブ・アメリカ（RCA）── メジャードムーブ

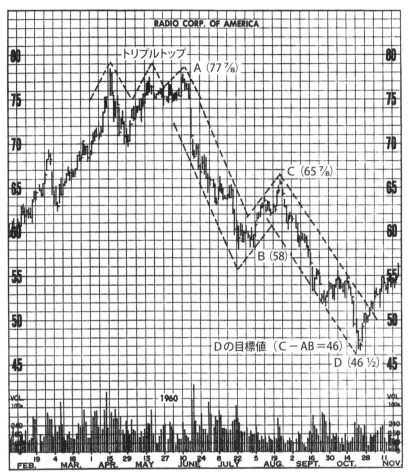

これは1960年にＲＣＡが興味深い反転フォーメーションから32ポイント下落したときのチャートである。反転パターンはダブルトップの２回目の高値が変形したものと呼ぶこともできるが、筆者は変形部分も十分発展していることから全体をトリプルトップと呼ぶに値すると判断した。Ａ～Ｂは調整なしに19ドル7/8下落したが、Ｃ～Ｄは若干停滞した。ＣからＡＢを引くと、下落の目標値は46ドル（65 7/8 - 19 7/8 = 46）になる。実際のＤは46ドル1/2で、メジャードムーブの推測値のわずか0.5ポイント手前だった。

コイル（トライアングル）

The Coil (or Triangle)

図36　コイル

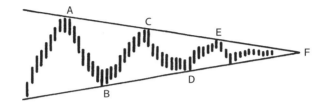

　株価がレンジを狭めながら上下していくと、最後には機械式おもち
ゃのバネのようになる。巻かれたバネがおもちゃを動かすのに十分な
張力を保持するように、株価でもコイル状の動きには推進力がある。
おもちゃの張力は機械的なものだが、市場では買い手と売り手の不確
実性が増すと張力が高まっていく。典型的なコイル（またはトライア
ングル）は次のような形をしている。

　市場のコイルの前には、常に上昇か下落のフェーズがある。**図36**
では、Aまで上昇すると買いが枯渇し、利食う人が増えるかもしれな
い。ここでは、「強気派」の頭のなかに、ある程度の不確実性がよぎ
っている。そこから反転してBに達すると利食いが止まり、新たな買
い手を引きつける。そのあとのCへの上昇は、株価が高すぎることを
恐れていた人たちを動揺させる。そして、CからDへの下落は、強気
派の不安を高め、Eへの上昇で「弱気派」も不安になる。このコイル
状の動きの間は、買い手にとっても売り手にとっても将来の株価の方
向性に関する不確実性が増していくため、出来高はだんだん減ってい
く。そして、コイルの先端Fに達すると、買い圧力と売り圧力が完全
に均衡する。この時点では、ほんの少しの新たな買いか売りでバラン
スが崩れ、かなり急な上昇や下落が始まる。そのため、コイルの先の
動きを予測するのは非常に難しい。

どちらの方向に行くのか

　需要と供給のバランスは、多くの場合（もしかすると60％程度は）一時的なことで、長期トレンドの一時停止くらいの意味しかない。つまり、コイルはたいていはそれまでのトレンドを引き継ぐ継続パターンとみなされている。しかし、残りの40％ではコイルが別のフォーメーション、つまり本物の反転パターンの一部になる。ただ、その場合でも、コイルは需要と供給のバランスを表しており、市場は新たな強気派や弱気派の影響に敏感になっている。時には、たとえ小さな買いや売りによるブレイクアウトでも、市場のそれまで割れていたセンチメントや不安定なセンチメントをスイングさせることもあり得る。

　コイルという言葉はこのパターンのバネの動きを連想させるが、トライアングルという名前のほうがさらなる分析には役に立つ。トライアングルには、基本的な４つの形がある——シンメトリカル（二等辺）トライアングル、上昇トライアングル、下降トライアングル、逆トライアングル（じょうご）。詳しく見ていこう。

シンメトリカルトライアングル　上昇の高値と下落の安値を結んだ線が収束しながら頂点またはパターンの中心に向かう。株価がどちらかの線の外にブレイクしたら（できれば出来高も増えて）、完成したとみなす。

上昇トライアングル　上の線は水平になるのが理想で、そこに下の線が上に傾斜しながら達する。この形は上の線の価格にある「供給ライン」に、時間の経過とともに需要が急速に追いついていくことを表している。そして、需要がその水準の供給を上回ると、株価は上の線を上抜いてフォーメーションが完成する。出来高はそこまでは比較的少ないが、ブレイクアウト以降は増えていく。

下降トライアングル　上昇トライアングルの逆で、下落の再開を示

図37　トライアングル

シンメトリカル　　　上昇トライアングル　　　下降トライアングル　　　逆トライアングル
トライアングル

唆している。下の線は支持線（需要）で、上の線の売り（供給）
が時間とともに強くなっていく。売り手の株に対する評価が下が
っていくと、株価は供給のあるところまで下げ、その線をブレイ
クするとフォーメーションが完成する。出来高は、フォーメーシ
ョンの展開とともに減っていくが、ブレイクアウト後はまた増え
始める。

逆トライアングル　この形（別名じょうご）は、普通のトライアン
グルを逆にしたように見えるが、状況はまったく違い、神経質で
不確実な市場を表している。出来高は、スイングの幅が大きくな
るのに合わせて増えていく。

作戦

トライアングルの分析も、もちろんトレンドラインや支持線や抵抗
線をはじめとするチャートのほかの情報と合わせて行う必要がある。
トライアングルが形成されているときのチェックリストとして次の指
針を挙げておく。

①トライアングルはそれまでのトレンドを引き継ぐ継続パターンに
なることのほうが多い。

②4つの基本的なトライアングルのなかで、継続パターンになる可
能性が高い順に並べると、上昇トライアングル、シンメトリカル
トライアングル、下降トライアングル、逆トライアングルとなる。

③買うときは、トライアングルのなかでできるだけ安く買うか、次
のトレンドが明確になってからにする。トライアングルはダマシ
も多く、チャートのフォーメーションのなかでも最も信頼できな
い不確実なタイプだからだ。

チャート35　パーキン・エルマー──トライアングル

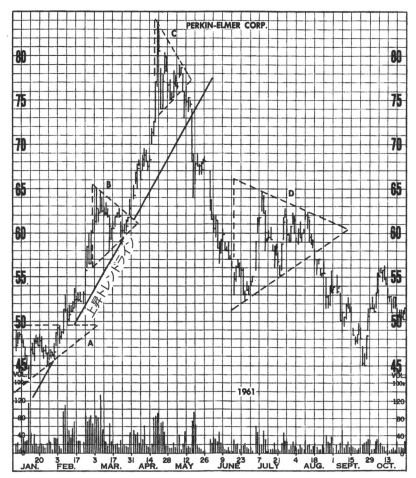

このチャートには、第9章で紹介した4つの基本のトライアングルのうちの2つが形成されている（A〜D）。Aは上昇トライアングルで、トライアングルの多くがそれまでのトレンドの継続パターンになると言われているとおりになっている。また、上昇トライアングルは、ほかのトライアングルよりも今までのトレンドを継続させる場合が多い。BとCは平均的な大きさのシンメトリカルトライアングル（二等辺三角形）になっている。ここでは、Bは上昇幅の半ばでトレンドを継続させている。その一方で、Cは主要な反転パターンになった。最初にブレイクアウトした足が、1月と3月の安値を結んだ上昇ラインで止まっていることに注目してほしい。そのすぐあとに、株価は大商いを伴ってトレンドラインをブレイクして下降トレンドに入った。Dは大きなシンメトリカルトライアングルで、これは継続パターンになって下落した。

チャート36　リットン──大きなトライアングル

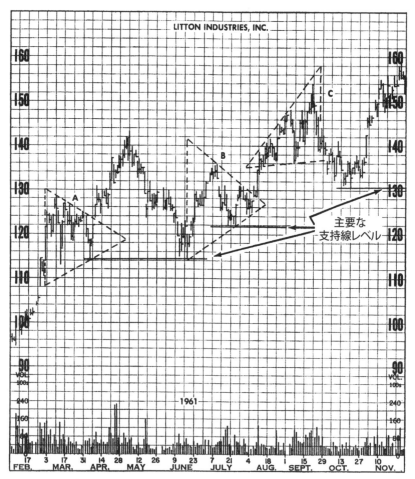

リットンの1961年の強気相場で重要なフォーメーションは比較的大きな3つのトライアングルだった（AとBとC）。この一連のトライアングルは、アナリストにとって形成過程では分かりにくかったかもしれないが、どれも今までのトレンドの継続パターンになった（株価は年初は88ドル近辺だったが、12月には166ドルに達した）。AとBはほぼ完璧なシンメトリカルトライアングル（二等辺三角形）で、Cは珍しいほど明確な逆トライアングルになった。Cからのダマシのブレイクアウトはこのタイプのトライアングルによくあることなので、あまり気にしなくてよい。しかし、この逆トライアングルは、歴史的な高値レベルで買い手と売り手が感じている大きな不確実性を示しているため、高値について警告しているのかもしれないが、このチャートでは主要な支持線はブレイクされていない。ちなみに、AとBのトライアングルを合わせて見ると、未完成のヘッド・アンド・ショルダーズの左と右のショルダーにも見える。

チャート37　スチュードベーカー・パッカード──トライアングルの高値

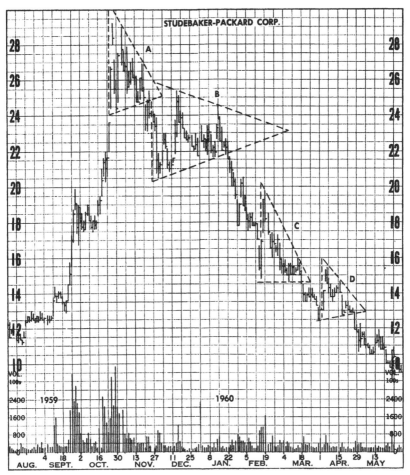

1959～1961年にかけて、スチュードベーカーはNYSE（ニューヨーク証券取引所）で最も出来高の多い銘柄トップ5に常に入っていた。1959年には、この銘柄が1日のNYSEの出来高の10％を占める日もあった。ただ、出来高が多くてもチャートのフォーメーションの重要性は変わらない。このチャートはコイル（トライアングル）で構成されている。下降トライアングルAは主要な高値になった。株価はトライアングルの頂点まで下げ、そのあと大きなシンメトリカルトライアングル（二等辺三角形）Bを形成した。CとDはどちらも下降トライアングルで、継続を正しく予想した。次の第10章を読み終えると、9～10月の上昇を告げるきれいなペナントも目に入るだろう。

10

継続パターン

Continuation Patterns

　最強のトレンドでも、中断されることはある。利食いが起こったり、支持線や抵抗線にぶつかったり、そのほかの邪魔が入ったりすることもある。すると、トレンドの勢いが一時的に弱まることもあれば、反対勢力の抵抗が強くなることもある。そして、需要と供給の相互作用がチャートに新しいパターンを描き始める。もしそれが勢力バランスの重要な変化を示していれば、それを反転パターンと呼ぶ。しかし、もし一時停止しただけで、そのあとまたそれまでのトレンドが引き続き再開すれば、それを継続パターンと呼ぶ。

　テクニカル分析的に言うと、トライアングルはたいてい継続パターンに入る。たいていは、それまでのトレンドが継続するからだ。しかし、そうはならずに反転することも実はかなり多い。そのため、この難しいパターンは別の評価も行わなければならない。まずは、より信頼できる継続パターンを検証してみよう。それが、ボックス、フラッグ、ペナント、ウエッジ、ダイヤモンドなどである。これらの図形的な名称は、それぞれをかなり正確に表している。

　ボックスは、株価が数週間から数カ月間、４角形や長方形の枠のなかで変動する状態。このパターンはかなり一般的で、たいていは強い供給と強い抵抗の水準に挟まれて一定期間揺れ動き、買い手も売り手も優位に立つことができない状況を表している。このボックス圏のブレイクアウトは、トライアングルとは違い、たいていは有効で、そのあと価格が動く方向を示している。

　チャート上のフラッグは、風がなくてもなびいているように描く（そうでなければボックスの形になってしまうからだ）。理想は下に45度傾斜した平行四辺形で、大商いを伴った突然の急上昇が竿になる。フラッグのひだ（言うならばはためき）は、株価の上下動によって生まれる。ただ、緩やかに形成されたフラッグや幅広いフラッグのパターンは信用できない。特に垂れるのではなく、上に傾斜しているものには注意してほしい。一方、締まった形のフラッグで、比較的短期で形

図38　ボックス

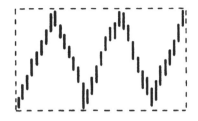

図39　上昇フラッグと下降フラッグ

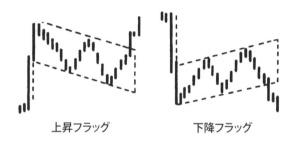

上昇フラッグ　　　　　　　　下降フラッグ

成されたものは、チャートのフォーメーションのなかでも非常に信頼
できる（上に傾斜しているものであっても）。信頼性があるのは、フ
ラッグという形が市場心理の単純でよくあるパターンを表しているか
らなのかもしれない。そして、出来高が急増し、株価も急騰するとフ
ラッグの竿になる。これは、利食いたい潜在的な売り手をたくさん生
み出し、株価の急騰は直近の需要の大部分を消化してしまう可能性が
ある。そのため、株価はゆっくりと下がり、出来高も減っていく。安
値は前の安値よりも下げ、需要が一時的に減っているため、高値も前
の高値を超えることができない。この下がっていく傾向は新たな売り
手がいなくなると止まり、株価が再びそれまでの軌道を進むことが確
認されると、隠れていた買い手が出てくる。

図40　上昇ペナントと下降ペナント

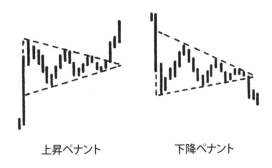

上昇ペナント　　　　　下降ペナント

　フラッグと同様に、ペナントも株価の急上昇と出来高の急増によってできた竿に付いている。しかし、ペナントには強い風が吹いており、フラッグのように垂れ下がらずに、水平の線に沿って三角形に形成されていく。これは、保ち合いの間の需要と供給が、フラッグのときよりも均衡していることを意味しているが、出来高のパターンはほぼ同じになっている。ペナントはフラッグよりは信頼でき、形が締まっているほど新しくて力強いトレンドを示唆しているため、信頼度は高い。

　ウエッジはすでに紹介したパターンの組み合わせで、フラッグに似ているが高値と安値の線が並行ではなく収束していく。もし「竿」とみなすことができる株価の急な動きのあとウエッジが形成されれば下降ペナントに見えるかもしれない。また、トライアングルの性質を多少含んでいるようにも見えるが、トライアングルは水平になるのに対して、ウエッジは上か下に傾斜している。この傾きが、唯一、ウエッジとほかの継続パターンを分けている。おかしなことに、下降ウエッジはたいてい主要な上昇トレンドの途中で形成され、強気を示すことが多い。同様に、上昇ウエッジは下降トレンドのなかで形成される。出来高は、ほかの多くのパターンと同様にウエッジの形成中は減って、ブレイクアウトすると増え始める。

図41　下降ウエッジと上昇ウエッジ

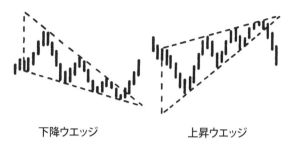

下降ウエッジ　　　　　　　　上昇ウエッジ

図42　ダイヤモンド

ダイヤモンド

　ダイヤモンドは、株価の大きなスイングのあとに形成されることが多い。これは、みんながその銘柄について熱狂したり心配したりしている興奮状態の時期で、当然ながら株価は変動している。もしこれほど興奮していなければ、株価は需要と供給のつかの間のバランスを示す水平に近いチャネルのなかで推移する。しかし、興奮によって株価のスイングは大きくなっていき、出来高も増える。そして、興奮が収まってくると株価のスイングも目に見えて小さくなっていき、出来高も減る。この間の高値と安値の線はダイヤモンドを形成し、そのあと株価が上か下にブレイクすると、出来高が急増することが予想される。

　ダイヤモンドは、これまで紹介した継続パターンよりも難しい。実際、なかには反転パターンになるものもある。そのうえ、ほかのパターンと紛らわしいこともある。株価の動きがヘッド・アンド・ショル

ダーズや拡張版のＶ字形に似ている場合もあるからだ。ダイヤモンド
との違いは、高値と安値のポイントと出来高の動きにある。ダイヤモ
ンドが形成されたあとによくできるパターンの１つを紹介しておこう。
それが、ダイヤモンドの高値に見える水準から下にブレイクし、その
あと急上昇してダイヤモンドを超えていくという動きだ。ダイヤモン
ドは分析が難しいが、形成されたあとに興味深い展開になることも多
い。ダイヤモンドをコレクションすべきことは、女性はみんな知って
いる。

作戦

　締まった形状のボックスやフラッグやペナントからのブレイクアウ
トは、将来のトレンドについて非常に信頼できるサインとなる。これ
らは株価の方向だけでなく、速くて大きな動きにつながることが多い。
そのため、トレーダーのなかにはこれらのシグナルが出たときのみ仕
掛ける人もいる。
　これらほどではないが、それでも比較的信頼できるのが、緩やかな
ボックスやフラッグやペナントと、すべてのウエッジとダイヤモンド
である。これらは、メジャーなトレンドを示唆するほかのサインを確
認するのにも使えるだけでなく、支持線や抵抗線の水準や良い買いポ
イントや売りポイントを見つけるためにももちろん使える。

注意

　一見、継続パターンに見えたものが、突然予告なしに反転パターン
に変わる可能性は常にある。チャートを使う人は、このリスクを起こ
る可能性の１つとして受け入れ、警戒を怠らず、トレンドの反転に常
に備えておく必要がある。

チャート38　ゼネラル・タイム──キーリバーサルデイ

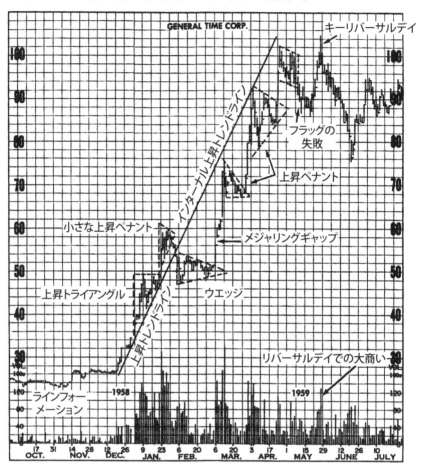

このゼネラル・タイムのチャートは、これまでの章で紹介したフォーメーションが万華鏡のごとく現れている。9〜12月にはラインボトム（長期に及ぶベース）は強力な上昇トレンドの準備段階となった。トライアングル、フラッグ、ペナント、ギャップも上昇を告げていた。株価は2月5日に急な角度の上昇トレンドラインを下抜いたが、トレンドラインの下側で上昇を再開した。これは、第2章で紹介したインターナルトレンドラインである。興味深いのはペナント（1月末）とフラッグ（4月末）で、どちらも完成されていないが、フラッグを下抜いたことは天井が迫っていることを警告し、のちに新高値を付けた。このキーリバーサルデイは大商いで、5カ月で60ドルまで下げた下落の始まりとなった。

チャート39　バローズ──ウエッジ、フラッグ、ダイヤモンド

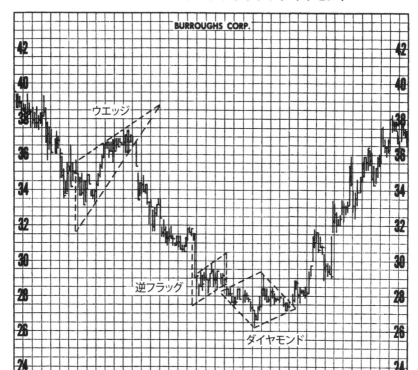

チャートの左側にできた最初のフォーメーションは大きめの上昇ウエッジだった。前の章で説明したとおり、ウエッジとトライアングルの違いは傾きにある。さらに言えば、上昇ウエッジは弱気を示唆し、それを下方へのブレイクアウトで確認できた。次の逆フラッグは、このパターンは逆でも下げが継続するかなり信頼できるサインであることを示している（少なくともこの時点では）。このチャートでは、フラッグが完成した直後にきれいなダイヤモンドが形成され、メジャーなトレンドの反転パターンになった。ダイヤモンドはたいていは継続パターンなので、これは珍しい。難しい分析だった。

チャート40　ハーツ——ダイヤモンド

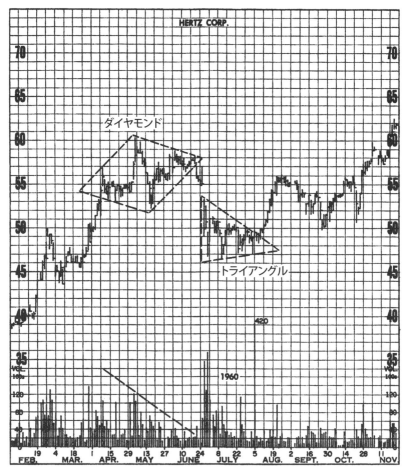

4～6月に形成されたダイヤモンドは、経験が少ない人ならば、ヘッド・アンド・ショルダーズ
と見間違えることが多い形をしているが、経験豊富な人ならば簡単に見分けがつく。まず、ヘッ
ドからの下落が左のショルダーらしき水準を下回っている。ちなみに、ほとんどのダイヤモンドは、
ショルダーが見つからないということも付け加えておきたい。このチャートには、本章で紹介し
たとおりの例が見つかる。ダイヤモンドの項で紹介したとおり「ダイヤモンドの高値に見える水
準から下にブレイクし、そのあと急上昇してダイヤモンドを超えていく」パターンだ。チャート
のダイヤモンドも、最初のブレイクアウトは反転パターンに見えるが、結局は継続パターンにな
った。

チャート41　ゼネラル・インスツルメンツ　ボックスとボックスの天井

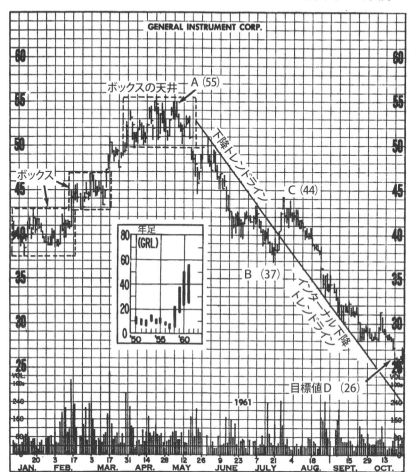

1961年初めのゼネラル・インスツルメンツのチャートには、一連のボックスが形成され、３つ目は主要な高値になった。これで下落の準備が整い、５カ月足らずで55％の価値を消し去った。本章で書いたとおり、ボックスは通常は継続パターンだが、まれに主要な反転のシグナルになる。このような例外は、時間枠が長い足のチャートを併用すると、見つけやすくなる。まず、ゼネラル・インスツルメンツは、４年間上昇して50～55ドルで史上最高値を付けた。このような高値を見れば、だれでも少し心配になる。２つ目に、このチャートでは分からないが、メジャードムーブの目標値が55ドルになっていた。そして３つ目に、パターンが完成したときにメジャーなトレンドラインがブレイクされていた。そのあとの下落は、インターナルトレンドラインと下方へのメジャードムーブの好例となった。株価が７月に下降トレンドラインをブレイクしたあとは、トレンドラインの上に沿って下げており、A～BとC～Dがほぼ同じ長さになっていることに注目してほしい。

11

リバーサルデイ、ギャップ、
アイランドリバーサル

Reversal Days, Gaps, Islands

　テクニカルアナリストは長年をかけて興味深いパターンを説明する
ためのグラフィック言語を生み出してきた。そのなかで、熱心な投資
家が知っておくべき言葉として、突然の激しい動きを示すものが4つ
ある──キーリバーサルデイ、ギャップ、大商い日、アイランドリバ
ーサル。これらがトレンドを予想することに関する信頼性は限定的だ
が、さまざまなチャートに頻繁に現れ、時にはメジャーなトレンドの
急な反転を告げることもある。そのため、これらが現れたら、状況を
詳しく検証してほしい。

リバーサルデイ

　株価がしばらく上昇しているなかで、ある日に新高値を付け、突然
大きく売られ、前日の終値よりも安く引けることがある。言い換えれ
ば、その日は結局、多くの人が損失を出す。この新高値と損失の組み
合わせはトップリバーサルデイと呼ばれている。
　一方、リバーサルデイボトムとは、下降トレンドのなかで起き、株
価が新安値を付けたあと急上昇して、前日の終値よりも高く引ける。
　通常、このようなリバーサルデイは大きなトレンドの短期の中断か、
短期の停滞にすぎないが、ごくたまに主要な反転につながることがあ
る。その場合、その日はキーリバーサルデイと呼ばれる。これは、新
しいトレンドが確立されれば簡単に分かるが、2～3日以内に見つけ
るのは難しい。ただ、出来高の異常な増え方はヒントになる。ほかに
も、例えば重要な支持線や抵抗線でリバーサルデイになったかどうか
を判断するとよい。
　または、調整なしに長期間上昇していれば、神経質になって最初の
弱気のサインで売る人もいる。例えば、株価が新高値を付けた日に反
転して下げたような日だ。リバーサルデイのシグナル自体だけでも、
翌日にかなりの売りを呼び、連鎖反応を引き起こすかもしれない。

図43　キーリバーサルデイ

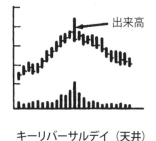

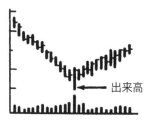

キーリバーサルデイ（天井）　　　　キーリバーサルデイ（底）

　一方、メジャーな下降トレンドの底でできるキーリバーサルデイは、もう少し見つけやすいし、説明もしやすい。最後に残った「強気派」も希望を失うと、彼らは長い間熱狂してきた株ではあっても、もっと下がる前に売ろうとする。そのうえ、株価が新安値を付けると、ブローカーが追証を求める電話をかけてくるため、さらに売りが増える。こうしてみんなが必死で売ろうとすると、株価は急落する。しかし、夏の嵐のように売りが突然止まる。空売り派が買い戻して利食うからだ。彼らと彼ら以外の買い手による少ない買いでも、株価は簡単に上がり、前日の終値を超えて引ける。それを市場は売りのクライマックスだと判断し、上げ日になったことで、みんなが少なくともリターンムーブを目指して買うことにする。

　このフォーメーションの変形がツーデイリバーサルである。これは例えば、株価が大きく上昇しているときに、ある日に新高値を付けてその日の高値で引け、翌日はほぼ同じ水準で寄り付くが、少しずつ下げ、終了間際に大きく下げてその日の安値（前日の安値に近い水準）で引けるという動きである。おそらくこの動きは、１日目の強気の値動きのあと、市場は株価が上がり続けると期待したが、翌日に高値を更新しないで前日の安値辺りまで下げたことで、みんなの自信が揺ら

図44　ツーデイリバーサル

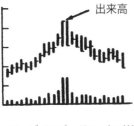
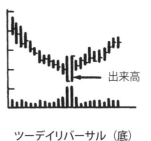

ツーデイリバーサル（天井）　　　　ツーデイリバーサル（底）

いだということだろう。このようなショックは、ほかの条件も整うと
主要な反転につながることがある。ここでも、出来高の増加が役立つ
ヒントになる。そして、リバーサルデイと同様に、ツーデイリバーサ
ルも下降トレンドの底や上昇トレンドの天井で形成される。

ギャップ

　株価はときどき前日の高値よりも高く寄り付き、そのまま上昇して
いくことがある。あるいは、前日の安値よりも安く寄り付き、下げ続
けていくこともある。どちらのギャップもチャートで見ると、よく目
立つ。目立つというのは、通常ならばその日の値幅は前日や翌日の値
幅と重なっているからだ。ギャップは、アナリストに情報をもたらす
が、まずはギャップの種類を見極め、その株のチャートの性質を調べ
る必要がある。

●**コモンギャップ**　活発な株の場合、あまりギャップはできないが、
　できたときは非常に重要だ。一方、薄商いの銘柄の場合は、比較的
　少量の注文でも株価が大きく動くため、ギャップが頻繁にできる。

図45　ギャップ

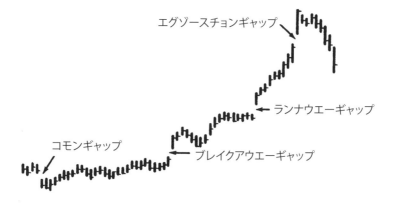

ただ、このようなギャップにあまり意味がないことは明らかだ。そ
れでも、昔のテクニカルアナリストはこの脆弱な基盤のうえに理論
を打ち立てようとした。それは、コモンギャップを形成する株はた
いてい近いうちにそのギャップを埋めるという説で、これは「窓埋
め」と呼ばれている。古株のトレーダーのなかにはすべてのギャッ
プは必ず埋まると信じて、延々と待つ人もいたが、この前提のみを
信じて資金を賭けるのは勧められない。どのパターンにも言えるこ
とだが、ギャップの重要性も過去の価格や出来高のパターンを注意
深く調べたうえで判断してほしい。

●**ブレイクアウエーギャップ**　これはまったく違うタイプで、重要な
チャートパターンが完成したあとに起こり、メジャーなトレンドの
始まりになることが多い。上昇ブレイクアウエーギャップは、出来
高が急増し、値幅は１日の平均のレンジ（高値から安値まで）より
も大きく動くことが多い。つまり、チャート上に長い垂直の線がで
きる。ちなみに、下降ブレイクアウエーギャップも出来高が増える
かもしれないが、そのことはさほど重要ではない。ブレイクアウエ
ーギャップは、上でも下でもオーバーナイトでその価格の買い注文

や売りの注文が集中したことを示している。原因はたいてい市場心理をある程度の期間変化させるだけの重要性を持った予想外ニュース（株の分割、配当、合併、政府の動き、戦争の恐れなど）で、それが株価を大きく動かす。このようなギャップは、株価が早めに反応すると「埋まる」こともあるが、ブレイクアウトした方向に加速することのほうが多い。最初のブレイクアウエーギャップから何日かは、興奮状態が広がっているため、さらなるギャップができることも珍しくない。

●**ランナウエーギャップ（メジャリングギャップ）**　洗練されたトレーダーは、押しで買うことを好み、主要な上昇が始まるまで待つ。ただ、株価は押すことなく上昇が加速することもある。そうなると、待っていた人たちはチャンスを逃すまいとトレンドに飛び乗る。それと同時に、空売りしていた人たちも大きく上昇すると見れば、損失を減らすためにあわてて買い戻そうとする。そして、これらの動きがみんなの興奮をあおる。彼らの新しい買いの波が、その名のとおりのランナウエーギャップを生み出す。これはメジャリングギャップとも呼ばれている。名前の由来は、このギャップが主要なスイングの中央辺りでできるため、残りのスイングの大きさを予想できることにある。例えば、ある銘柄が20〜22ドル近辺でベースを形成したあと40ドルまで上昇し、そこでランナウエーギャップができれば、そのあとは58〜60ドル近辺まで上昇する可能性が高い。

●**エグゾースチョンギャップ**　長期間、上昇が続いていると、その銘柄を保有している人たちはうれしい反面、神経質にもなってくる。彼らはこれが永遠には続かないと感じているが、売ったあとでさらなる上昇を逃すことにもなりたくない。そんななかで、株価が高すぎると判断して空売りする大胆なトレーダーがときどき現れるが、上昇が加速するのを見てあわてて買い戻し、さらに買いをあおることになる。最後の買いの波は、１つか複数のギャップができること

によって起こる。これによって、株価はかなりの保有者がすでに利食ったエリアに達する。この上昇は出来高の多さによって停滞し、1週間程度で「窓埋め」する可能性もある。そうなればこれはエグゾースチョンギャップで、買いの波の最後の一押しのあとは「力尽きた」上昇が止まるか下げに転じる。ランナウエーギャップとエグゾースチョンギャップの違いを早めに見極めるには、全体の状況を注意深く調べることがカギとなる（下降トレンドについても同じことが言える）。

● **アイランドリバーサル**　エグゾースチョンギャップのあとにブレイクアウエーギャップが続くと、トレンドは鋭く反転し、そのときチャート上にできる形はアイランドと呼ばれている。例えば、XYZ株は力強く上昇して、ある水曜日にクライマックスに達した。この日はかなり多くの出来高を伴って新高値で寄り付き、さらに上げたが、需要は次第に減少してきたため、多くの人が利食った。それでも株価はある程度上げてギャップができた。しかし、オーバーナイトに売り注文が大量に入り、翌日は水曜日の安値を下回って寄り付くと、そのまま下げていった。チャート上は、水曜日の値幅を示す線が前日とも翌日とも切り離されて孤立している。これがワンデイ・アイランドリバーサルである。アイランドは、2日やそれ以上にまたがるものもある。いずれにしても、これはトレンドが少なくとも一時的に停止したことを表しており、特に出来高が非常に多いときは、主要な反転を示しているのかもしれない（章末のアブネットのチャート参照）。

大商い日

出来高が異常に多い日や株価が長大線になる日（たいていは両方）を大商い日と呼ぶ。これはその価格で株の所有者が大きく入れ替わっ

たことを意味しているが、そのあとの株価の動きによって、買い手の判断が正しかったのかどうかが決まる。いずれにしても、詳しく調べれば役立つ情報が得られるかもしれない。例えば、「市場にのしかかっていた」株（その価格で大量に売りに出ていた株）がなくなると、売り圧力はわずかになり、株価は難なく上昇していくことができる。

作戦

　本章で紹介した普通でない現象（リバーサルデイ、ツーデイリバーサル、ギャップ、アイランド、大商い日）は、投資家やアナリストにとって警告になる。それぞれのケースは、チャート全体を見て、トレンドラインや支持線や抵抗線や、必要ならば反転パターンなども含めて考えてほしい。それぞれのチャートにかかわる特別な状況に基づいて、買うべきか売るべきかが決まってくる。厳格なルールを作るのは不可能だが、その一方で警告は無視すべきではない。以下に紹介する過去のチャートを見ると、警告の重要性が分かるだろう。

チャート42 アブネット──アイランドリバーサル

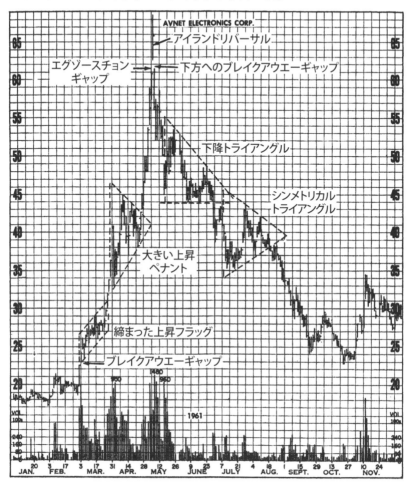

4本値の日足チャートを分析する重要性は、このチャートを見るとよく分かる。10週間にも満たないうちに、アブネットの株価はちょうど4倍になった（17ドル1/8から68ドル1/2）。3日間で典型的なアイランドリバーサルトップとなり、そこからの下落は上昇分をほぼ消し去って止まった。1961年5月8日に形成されたアイランドリバーサルは、寄り付きからギャップを空けて、新高値を付け、翌日もギャップを空けて下げると2日前の安値を下回って引けた。上昇している間は熱狂的に増えていた出来高が、天井を形成する5日間でピークに達した。注目すべきフォーメーションには形と名前を付けてある。最も「強気」なフォーメーションは締まった上昇フラッグと大きなペナントで、それらが期待どおり上昇に拍車をかけた。そして、下落に転じるとトライアングルが形成された。

チャート43　ナフィ（NAFI）——ギャップ、リバーサル、アイランド

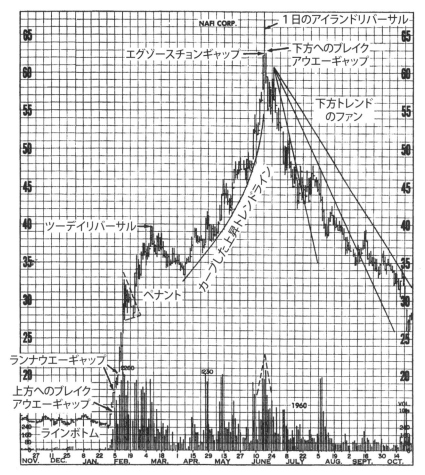

このチャートも、本書で紹介したさまざまなフォーメーションができている。最初がラインボトムで、ロケットのような上昇の発射台となった。ブレイクアウエーギャップといくつかのランナウエーギャップは、経験豊富な人ならば、株価が間違いなく上昇していくと確信できるだろう。ナフィの株価は６週間で２倍になり、ツーデイリバーサルを形成した。ほとんどの場合、このような動きはトレンドを完全に反転させるが、ナフィの場合はわずか４週間の停滞で２回目のロケットが点火された。そこからカーブした急な上昇トレンドがクライマックスに達し、出来高も急増し、ギャップを空けて新高値を付けた（エグゾースチョンギャップ）。そして、再びギャップを空けて下げ、アイランドリバーサルを完成させた。主要な下落はファンを形成し、３本目の下降トレンドラインをブレイクしたところで止まった。

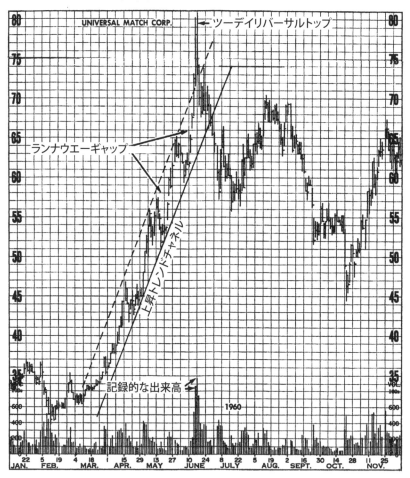

チャート44　ユニバーサル・マッチ・コーポレーション──ツーデイリ
　　　　　バーサルトップ

このチャートは1960年6月15日の2対1の株式分割を調整してある。2月に29ドルだった株価が
6月には80ドル3/4になり、わずか18週間で112ポイント上昇した（分割調整前）。メジャーな上
昇トレンドの多くに言えることだが、今回も急な上昇トレンドチャネルを宗教的と言えるほど順
守したあとクライマックスに達した（垂直的な上昇で多い出来高は例外的）。6月14日には株価
が新高値を付け、出来高もその年の最多に達し、高値近くで引けた。6月15日にはその高値をわ
ずかに超えたものの、そのあとは前日の安値近くで引けたが、出来高は再び最多を更新した。結局、
株価はその先何カ月もこの2日間の高値を超えることはできなかった。テクニカルアナリストの
なかには、6月15日に新高値を付けたのだからこれはキーリバーサルデイと呼ぶほうがより正確
だという人もいる。それも一理ある。ただ、これがツーデイリバーサルでもワンデイリバーサル
でも素晴らしいパターンだったことに変わりはない。株価は1962年2月には、25ドルを下回った。

チャート45　スミス・コロナ──キーリバーサルデイトップ

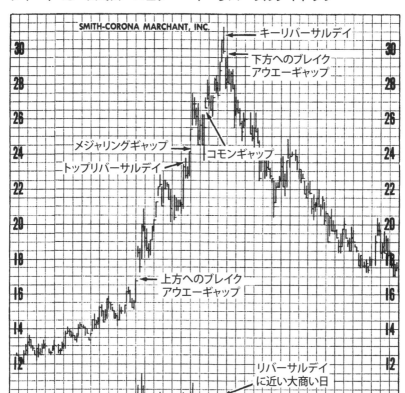

1961年のメジャーな上昇トレンドの高値とメジャーな下降トレンドの始まりは、キーリバーサルデイがシグナルとなった。わずか１日のプライスアクションが、数カ月続いたトレンドを完全に反転させた。この１日の動きが天井だということを確認したのが、直前の２日間の出来高が急増したことである。反転の直前の大商い日は、この種のチャートシグナルによく見られる。天井を確認するもう一つの重要なことは、反転のあとの下方へのブレイクアウエーギャップで、これも１日天井でよく見られる（アブネットとナフィのチャートも参照）。それ以外の名前を挙げたシグナルは、トップリバーサルデイ、上方へのブレイクアウエーギャップ、ランナウエーギャップ、コモンギャップだが、トップリバーサルデイは上昇がすぐに再開したため、重要ではない。メジャリングギャップは、そのまま新高値を付けたことがコモンギャップとの違いを示している。

チャート46　ゼニス──ツーデイリバーサルボトム

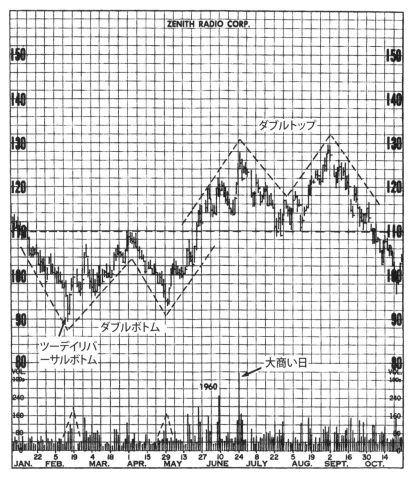

2月にツーデイリバーサルが急落を止め、株価は上昇した。そのあと、5月と10月に再びこの水準を試したが、下抜くことはできなかった。この安値は1961年初めまで保持され、ほぼ250ドルに達した上昇トレンドへの転換点になった。このツーデイリバーサルボトムを詳しく調べると、株価も出来高も平均を大きく上回っていた。それに加えて興味深いのが6月24日の大商い日で、これは大量の供給があったことをピンポイントで示しており、9月2日の高値を予想する助けになった。最後に、チャート全体のパターンが対称になっているのも珍しい。大きなダブルボトム(ツーデイリバーサルと5月の押しの安値)が、大きなダブルトップとバランスしているのだ。2つのボトムと2つのトップはどちらも約10週間離れており、両方ともブレイクアウトの水準が同じになっている(110ドル近辺)。

12

トラップ

The Trap

　キツネの親が子供に教えるように、楽しくない話もしなければならない。実は、トラップ（落とし穴）はこれまで紹介してきたチャートのパターンとは少し違う。トラップは、さまざまなパターンの一部として見つかることもあれば、単独で出てくることもある。

　グラフィック用語に長けたアナリストはこの状況を、狙う相手によって「ブルトラップ（強気の落とし穴）」「ベアトラップ（弱気の落とし穴）」などと呼んでいる。ブルトラップは、基本的に株価がしばらく直近の高値近くの比較的狭いレンジで推移したあと、ブレイクアウトして高値を更新し、すぐにそれまでのレンジの安値（支持線）を超えて下げることで、「強気派」（あるいは直近の上昇やレンジ内で買った人たち）は損失を抱えて置き去りにされる。このときに出来高が急増すると、さらに影響は大きくなる。トラップのときの出来高が多ければ、より多くの強気派が身動きできなくなる。ちなみに、ベアトラップはブルトラップほど多くない。これは、揉み合いや横ばいのあとにそのレンジを下にブレイクアウトして株価が安値を更新しても、すぐに上昇に転じる動きを指す。トラップのあとは、ほとんどの場合、中程度以上のスイング（10〜25％）が続き、そのまま主要な動き（25〜50％）になることも多い。

　このような状況は、プールサイドでしばらくためらったあと、やっと足先を水（新高値か新安値）につけたが、冷たくて引っこめてしまった人に似ている。市場心理として見れば、株価が新高値の水準に入ったことはそれまでの買い手をあと押しし、新しい買い手を興奮させる。しかし、同時にそれまで表に出ていなかった大量の株が新高値では供給される。この供給は需要よりもはるかに多いため、株価は下落する。この株への信頼は、少なくともその時点では揺らぎ、新しい買い手は損失を抱えて行き場を失う。彼らのなかには、現実を受け入れて売る人もいるため、価格にはさらに売り圧力がかかる。

　このような状況を見つけるカギとなるのが、異常に多くの出来高と

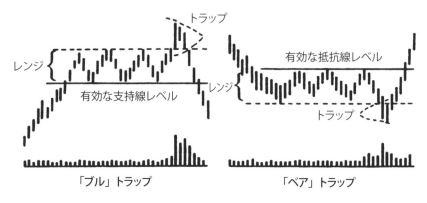

図46　ブルトラップとベアトラップ

トラップ

レンジ

有効な支持線レベル

レンジ

有効な抵抗線レベル

レンジ

トラップ

「ブル」トラップ　　　　　　　「ベア」トラップ

新高値から下落して直近のトレンドラインや支持線を下抜けることである。ただし、メジャーな上昇トレンドのなかで、出来高を伴って新高値を付け、そのあと少ない出来高で下落しても、それはトラップとはまったく違う。実際、これは至って普通の動きで、下落して支持線やトレンドラインを「割る」ことがないかぎりは強気と解釈できる（実際のトレードでは多くの株が売買されているため、多い出来高で上昇できなければ、明らかに大きな売り圧力があるということを常に覚えておくとよい）。

作戦

トラップというのはうまいネーミングで、チャートの経験が豊富な人でも捕まることがある。理由は、最初の動き（新高値や新安値）がゴーサインに見えるからだ。ほとんどの場合はそのとおりになる。前述のとおり、株はそれまでの方向に進み続ける傾向があり、ブレイクアウトして新高値や新安値を付ければ（特に揉み合いのあと）、トレンドが継続する強い確認となる。とはいえ、突然の反転、つまりトラ

ップの可能性は常にある。実際、チャートのどのフォーメーションも、予想に反した結果になることはある。そのため、間違ったことが分かったらすぐにポジションを手仕舞う準備をしておくことが、成功するための最も重要な特性の1つとなる。

　価格の長い動きのあとにトラップになり、出来高も多いと、それはメジャーなトレンドの反転を示唆している。ブルトラップで株を持っている人は利食いし、持っていない人は空売りしてもよい。どのようなトラップでも、過去に捕まったことがある短期トレーダーは、できるだけ早く逃げ出して、トラップの状況が終わるのを待つべきだろう。一方、長期投資家は、ポジションを厳しく吟味してほしい。もしほかの要素（例えば、長期チャートの状況、その企業の見通し、自分の課税状況、景気循環など）が有利ならば、そのまま「我慢」して保有し続けることもできる。

チャート47　トランジトロン──ブルトラップ

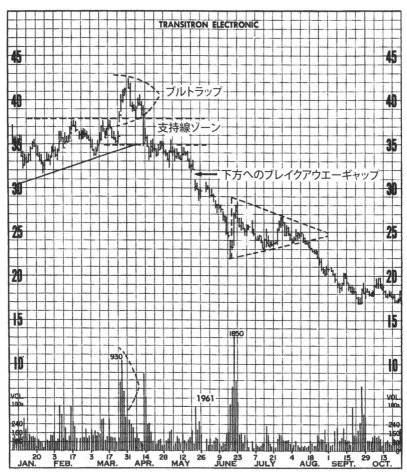

この日は強気派にとって悪夢のエープリルフールになった（実際には4月1日は土曜日だったが、翌取引日の3日に高値を付けた）。ブレイクアウト後の新高値は出来高も多く、そこから「トラップ」ができるまで出来高の多い日は続いた。つまり、たくさんの「強気派」が捕まったということで、それがそのあとの下落の舞台を整えた（1962年1月末には14ドル1/8まで下げた）。トラップができたのは、その前に60ドルから下落したあと6カ月以上横ばいが続いていた最中だった。このチャートを1960年1月1日（チャート外）から見ていた人は、再び高値（60ドル）に向かう十分なベースができたと判断したかもしれない。また、45ドルに強力な抵抗線レベルがあると見たかもしれない。それでも「トラップ」に捕まった場合は、4月13日に支持線まで押したときの出来高が多かったことが警告になったはずだ。また、テクニカルアナリストならばだれでも、5月17日のギャップから新たな安値圏に入ったことで上昇の道がしばらく閉ざされたことが分かっただろう。

チャート48　ミネラルス＆ケミカルス──ブルトラップ

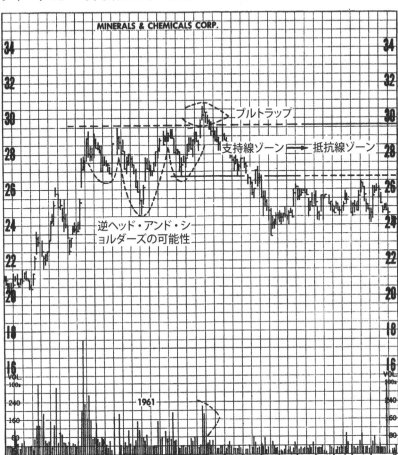

このチャートの状況は非常に変わっている。1961年3月、株価は20ドルから30ドル近くまで上昇したあと、理想的な逆ヘッド・アンド・ショルダーズのようになった。そして、29ドル1/2の抵抗線を3回試したあと、8月初めにネックラインをブレイクアウトして大商いで新高値を付けた。これは、普通ならば力強く上昇するシグナルとなる。しかし、驚いたことに株価は下落して、ブレイクアウト後の支持線レベルとなるべき29ドル1/2も下抜けた。そして、さらに右のショルダーに見える水準も下抜いて「強気派」をはめるトラップが完成し、さらなる下落の準備が整った。「後知恵」ならば、上昇のあとにできた逆ヘッド・アンド・ショルダーズは疑うべきだと言える。そのとおりかもしれないが、このような場面で完全に有効な逆ヘッド・アンド・ショルダーズができることも珍しくない。このチャートは、予想に反してブルトラップになった非常にまれな例だったと言える。

チャート49　ゼネラル・テレフォン──ブルトラップ

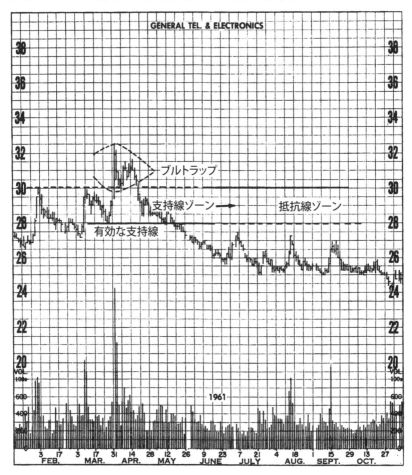

このチャートの少し前の1960年10月に、株価は23ドル3/4から上昇した。2月と3月の上昇は出来高を伴っていたものの、30ドル近辺で止まり、そのあと4月3日と4日にさらに上げて大商いで新高値を付けた（トランジトロンのトラップもこの日だった）。この時点で、普通ならばテクニカルアナリストは上昇が中断したことを、主要な上昇のなかで次のレグができるシグナルだと解釈する。しかし、上昇は次第に力尽き、2週間後には4月3にブレイクアウトしたレンジの上限を割って支持線ゾーンに入った。この下落でトラップのドアが閉まり、そのあと株価が28ドルの有効な支持線を割ると、ドアには鍵がかかった。トラップからの下落は24ドル近辺までだったが、それまでの支持線ゾーンが効果的な抵抗線になった。7月から11月にかけてこのゾーンを4回試したが、ゾーンに達するまえに跳ね返された。

チャート50　TXLオイル・コーポレーション——ベアトラップ

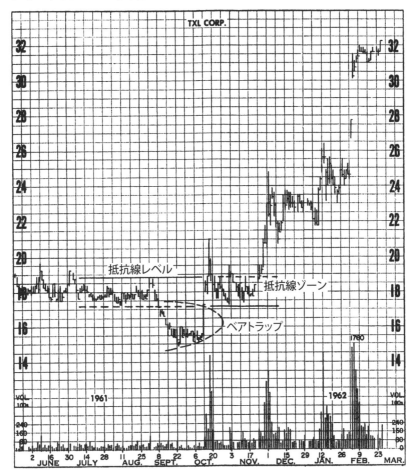

ベアトラップと新たな安値圏にできるいくつかの反転パターンの違いは、新安値に至る前の揉み合いのタイプにある。今回のようなベアトラップでは、新安値に向かう下落前の横ばいが少なくとも７カ月は続いた。これは、ブルトラップの展開と似ている。ただ、ブルトラップでは新高値までの上昇で出来高が非常に多くなるのに対して、ベアトラップでは新安値までの下落の間の出来高が普通はあまり多くならない。この違いに関しては、市場の「弱気派」や「空売り派」は「強気派」ほど多くないし、空売りする人たちの多くは平均的な投資家よりも洗練されているからだと説明する人もいる。本章で紹介した４つのトラップのうち３つがブルトラップだったのも、ブルトラップのほうがベアトラップよりもずっと多い頻度で起こるからである。

13

市場平均

The Market Average

　これまでは、個別株の動きについて見てきた。しかし、みんなが気にする「株式市場」全般についてはどうなのだろうか。

　念のため書いておくと、競馬ですべての馬に賭ける人がいないように、文字どおり「すべての株」に賭ける人はいない。投資家が資金を投じるのは、平均ではなく個別株だ。とはいえ、人気の株価平均などといった「株式市場」全体の動きに多大な関心を持っている。「市場」が上昇していると、普通の株主は勇気づけられる（たとえ自分が保有している株が下げていても）。そして、それはあながち間違っていない。ウォール街にも、「売春宿に手入れが入るときはすべての女たちと……ピアノ弾きも連れられていく」という古い格言がある。つまり、株式市場全体が強い下降トレンドや上昇トレンドのときには、遅かれ早かれほとんどの株が引きずられる。このなかには、それぞれの理由でまったく違う動きをしていた銘柄も含まれている。このことは、例えば、一般の人の投資に対する姿勢や景気の先行きがすべての個別株に影響を及ぼすことを考えれば当然と言える。テクニカルアナリストは、株式市場全体が下落相場のとき、個別株の非常に強気なパターンでも崩壊していくのをよく見かける。これはたいてい市場が転換しようとしているときに起こる。市場のトレンドと反対方向に動く株はかなりあるが、当然ながら個別株に勝ち目はほとんどない。そのため、アナリストは個別株がどのような動きをしていても、常に株式市場全体の不利な展開を警戒しておかなければならない。言い換えれば、全体市場は個別銘柄のチャート分析の不可欠な一部なのである。アナリストが最も知りたいのは、中期的に市場が「強気」フェーズにあるのか、「弱気」フェーズにあるのか、それとも中立なフェーズにあるのかということだ。市場の日々の変動や過去何年にも及ぶトレンドではなく、平均株価を10〜25％動かす中期的なスイングが、注目している個別株の動きに大きな影響を及ぼすからである。

　市場を予想するテクニカルな手法、つまり、市場の過去と現在の動

きを使って将来の軌道を予想することは、19世紀からすでに行われていた。その先駆者のダウやハミルトンやレアは、株価平均（厳選した銘柄の株価で構成する指標）に関する研究を行っていた。

　ダウ平均は彼らの著作によって大人気となった。なかでも最も有名なのはもちろんダウ工業株30種平均で、これは代表的な30銘柄の平均株価を示している。工業平均と名づけられたのは、もともとは鉄道やユーティリティー事業と区別するためだった（その意味ではAT&Tを工業株に含めたのはおかしいとも言える）。ただ、限られた数の銘柄の平均は、仮に１銘柄でも大きく動けばその影響を受けることになるが、ダウ平均は株式市場全体の動きを示すかなり信頼できる指標であることが実証されてきた。ちなみに、ニューヨークタイムズ25業種株価指数もかなり良い基準と言える。

　限られた銘柄で市場全体の動きを判断する主な理由は、もちろん利便性にある。平均株価は最初は苦労して手で計算していた。しかし、今ではコンピューターによってはるかに包括的な指数が算出できるようになった。スタンダード＆プアーズは、NYSE（ニューヨーク証券取引所）の代表的な500銘柄を使った指数を発表しているが、これらの銘柄は全体の価値の90％以上を担っている。この指数は、各銘柄の株価と発行済み株式数を掛け合わせた値の合計から指数を算出し、それを１時間ごとに発表している。もちろん、この指数でも市場のすべてが分かるわけではない。例えば、最も出来高が多い銘柄の動きや、あなたが保有している株がどうなっているかは分からない。アナリストは、市場全体に関する情報のみに頼らずに、ほかも調べる必要がある。そのなかに、重要な情報があるかもしれないからだ。

　おおまかに言えば、株価平均はすべての株価の合計を銘柄数で割って算出する。指数は、株価の合計を「平時」または基準期間をたいていは100としてそれと比較する。例えば、FRB（連邦準備制度理事会）のその月の生産指数が114ならば、生産量は基準期間（1957年）の平

均よりも14％多いことになる。さらに言えば、銘柄によって重要度が違うし、多くがそのときどきで株式分割や配当などを行うため、平均や指数は株価を加重して価値のゆがみを調整する必要がある。また、株価平均の構成銘柄は、合併や状況の変化に合わせてときどき入れ替えられている。

　市場予想の基本テクニックは、１つ以上の市場平均や指数のチャートを慎重に分析することにある。ちなみに、これまで紹介したすべてのテクニックは個別株と同様に市場全体にも応用できる。また、複数の平均がある場合は確認にも使えるため、さらに有利になる。例えば、ダウ理論の基本原則は、工業株のトレンドの反転が有効かどうかは鉄道株の動きで確認する（またはその逆）としている。これは、出来高のなかで鉄道株の割合が最大だった時代から由来しているが、伝統的なダウ理論派は、今でもこのような確認をするように言っている。

　ダウ平均は市場の動きに非常に敏感なので、代表的な指標ではあるが、より包括的なS&P500で確認することによってダマシのシグナルを減らすことができる。実際、S&P500が新しいトレンドの始まりを最初に示唆することはよくある。これは、ダウ平均の価値が加重の大きい銘柄の極端な強さや弱さによって歪められていることがあるからかもしれない。いずれにしても、もしS&P500が最初に新しいトレンドを示したときは、ダウ平均で確認してみるとよい。次ページからの例には、確認することの効果を示す例も含まれている。

チャート51　ダウ平均の日足の分析

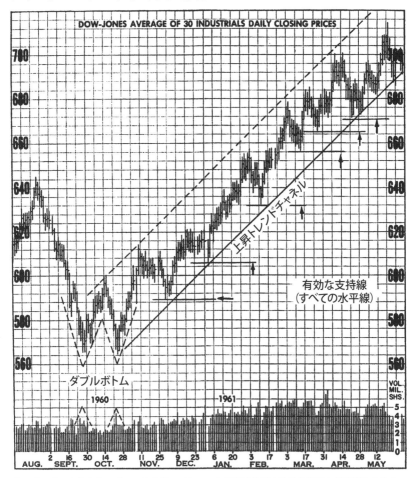

第1章に書いたとおり、チャート分析のテクニックは個別銘柄の日足や週足や月足だけでなく、さまざまな株価平均にも応用できる。今回は有名なダウ30種平均の4本値の日足チャートで（1960年8月～1961年6月）、これはさまざまな銘柄に当てはまる。この指数は30の異なる銘柄を組み合わせたものだが、個別株と同様にダブルボトムや明確な上昇トレンドチャネルや支持線や抵抗線などのよくあるフォーメーションを形成している。この上昇トレンドの進展を詳しく分析すると、高値を切り上げていくなかで5月末にトレンドラインを少しだけ下抜けていることに気づくと思う。これが有効な警告シグナルだったことは、のちにこの近辺で上昇が鈍り始めたことで分かった。

チャート52　ダウ平均の月足（1949〜1961年）

このチャートはダウ平均の月足チャートで、1949〜1961年の史上最大の強気相場を描いている。これは市場の歴史が一目で分かるだけでなく、普通のチャートと同じように進展している。アナリストは最初は問題なくトレンドを分析できたが、1957年にトリプルトップに見えるような動きからベアトラップになった。株価が下落して1956年の安値を下抜いたときにはトリプルトップの特徴がたくさんあり、テクニカルアナリストは1957年には形状が悪すぎるとして売るという妥当な判断を下した。しかし、株価はそのあとトリプルトップの水準まで回復すると新高値を付けて「ベアトラップ」が完成し、メジャードムーブが始まった。A〜B（250〜525ドル）からは、C〜D（415〜690ドル）が予想できる。このフォーメーションにだまされた経験豊富なテクニカルアナリストも、次章で紹介するほかの重要なテクニカル指標を学べば大きな恩恵を受けることができるだろう。

チャート53　ダウ平均とS&P500

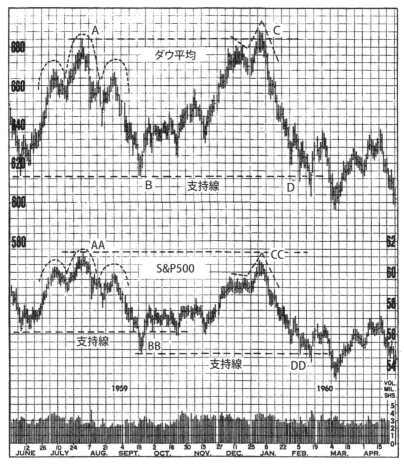

1959年7月の終わりに、ダウ平均とS&P500が両方とも史上最高値を付けた（AとAA）。この歴史的な高値圏で形成されたのが、小さくて下降気味のヘッド・アンド・ショルダーズだった。しかし、ここからの下落は出来高が少なく、それが重要な反転の可能性を低めていた。このとき、S&P500のほうはそれまでの支持線（BB）を割ったが、ダウは割らなかった。ダウが下抜けを確認しなかったことも、反転が決定的ではないことを示唆していた。そのあと、ダウ平均は上昇して史上最高値を更新したが（C）、S&P500は最高値には達しなかった（CC）。つまり、ダウの強気傾向を確認しなかった。2月になると、どちらの指数も主要な支持線レベルを下抜き（DとDD）、弱気の価格構造を確認した。ちなみに、1960年末にはダウ平均が565ドルを下回り、S&P500も52ドル近辺まで下げた。

チャート54　ダウ平均とS&P500

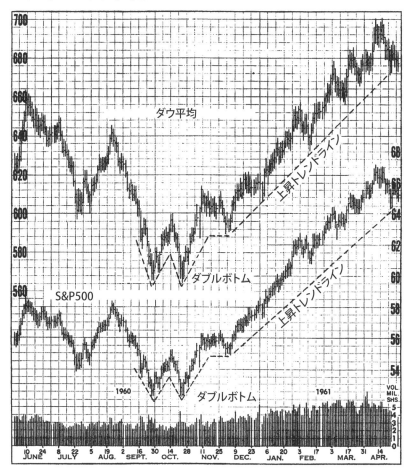

これもダウ平均とS&P500を比較したチャートで、分析において株価平均を比較することの重要性を示している。チャート53では、確認ができないと決定的ではないことが分かった。今回の1960年6月から1961年4月も、2つの株価指数がほぼ同じ動きをしている。9〜11月には、ほぼ同じダブルボトムと揉み合いを形成し、主要な上昇を予告した。そして、その上昇の仕方もそっくりだった。唯一のテクニカル的な違いは、トレンドラインの位置で、ダウ平均のほうは2回目のボトムから4月までトレンドラインに沿って上昇していったが、S&P500のトレンドラインはそこまで明確ではなかった。

14

そのほかの指標

More Indicators

　過去40年ほどの間に、市場のトレンドを予想しようと非常に多くのテクニックが使われてきた。ガーフィールド・ドリューは『ニュー・メソッド・フォア・プロフィット・イン・ザ・ストック・マーケット(New Methods for Profit in the Stock Market)』のなかで、さまざまなテクニカル指標やトレードシステムを紹介し、分析している。面白いことに、どの手法も一時期はうまくいっていたが、ほぼすべての時期でうまくいくものはなかった。ジョセフ・グランビルも『ア・ストラテジー・オブ・デイリー・ストック・マーケット・タイミング・フォア・マキシマム・プロフィット（A Strategy of Daily Stock Market Timing for Maximum Profit）』のなかで、さまざまな指標やシステムを検証し、その成否を分析したうえで、売買のタイミングを見極めるためのテクニカル分析の堅実な手法を示している。このなかには、以前から使われているものもあれば、まったく新しいものもあったが、グランビルのアプローチは新鮮で独創的だった（本章と次の第15章の内容の多くは、彼と出版社のプレンティス・ホールのおかげによるところが大きい）。

　グランビルの本には、55の日々の基本的な指標と、いくつかの中期トレンドの指標が紹介されており、どれも長年の実績がある。なかでも最も重要なのが騰落ラインと空売り比率とバロンズ信頼感指数である。

騰落ライン

　市場平均に細かく反映されていない市場の動きに関する重大な事実がある。それが、その日に上昇した銘柄と下落した銘柄の数である。実は、市場平均は上昇していても、下落している銘柄のほうが多いとか、あるいはその逆ということは珍しくない。これは、少ないトップ銘柄が強く上昇しているか、上昇幅が下落幅よりも大きいときに起こ

る。そこで、アナリストたちは市場の幅（1日の出来高のなかで上昇
した銘柄と下落した銘柄の比率）を示すいくつかの指標を考案した。
これらの指標は、市場平均を構成する少数の銘柄によって本当の市場
心理が表面に現れないとき、市場平均よりも早く相場の底堅さを教え
てくれることがある。

　この市場の幅を示す指標の1つが騰落ラインである。グランビルは、
連続した日の上昇した銘柄数と下落した銘柄数をそれぞれ合計し、大
きい数値から小さい数値を引いて、彼が「累積差」と呼ぶ値を算出し
た。これは説明するよりも次の3日間の例を見たほうが簡単に分かる。
上昇銘柄と下落銘柄のデータは、株価が載っている新聞ならばまず載
っている。この指標の本当の重要性は、実際の数字ではなくトレンド
やパターンの変化を見ることなので、スタート日を決めてあとは続け
ることが大事になる。

上昇銘柄数と下落銘柄数

	上昇銘柄	下落銘柄	累計上昇数	累計下落数	累積騰落差
月曜日	600	400	600	400	＋200
火曜日	525	460	1125	860	＋265
水曜日	470	510	1595	1370	＋225

　「累積差」の列の値をチャートにプロットすると騰落ラインになる。
　グランビルは、騰落ラインを解釈するための原則として、次の点を
挙げている。

①ダウ平均が下げていても騰落ラインが上げていれば、市場はいず
　れ上昇に転じる。
②ダウ平均が上げていても騰落ラインが下げていれば、市場はいず
　れ下落に転じる。

③株価平均と騰落ラインの差の大きさと長さが、市場の上昇や下落の強さを示すシグナルとなる。

④騰落ラインだけを見ても、上昇や下落がいつ起こるかは分からないが、ある程度近いうちに起こることは分かる。

⑤ダウ平均が前回の高値に近づいているときに、騰落ラインがその高値のときよりも低ければ、市場は弱含んでいる。もし騰落ラインが前の高値のときよりも高ければ、近いうちに新高値を更新する。

⑥ダウ平均が前回の安値に近づいているときに騰落ラインがその安値のときよりもかなり高ければ、市場は強含んでいるため、その安値を下回ることはない。もし騰落ラインが前の安値のときよりも低ければ、近いうちに新安値を更新する。

　騰落ラインは、ほかの指標と併用することもできる。トレーダーは、独自の使い方を考えてみてほしい。

バロンズ信頼感指数

　信頼を測定するという興味深い試みは、バロンズ紙（週1回発行）で1932年に始まり、最近ではグランビルの本によってかなりの関心を集めている。考え方としては、投資家がチャンスに賭けてみようという気持ちがどれくらい強いかを示す数字をチャートにできないかということだった。バロンズ紙は、それを格付けの高い債券と低い債券を市場価格で買った場合の利回り（リターン率）で比較することによって示した。もちろん、利回りはリスクの高い債券のほうが高くなる。しかし、投資家の景気に対する信頼が高くなると、彼らは格付けの高い債券よりも低い債券に投資するようになり、利回りの差は縮まっていく。

これが株式市場とどのような関係があるのだろうか。理論的には、債券の買い手は大口で洗練された投資家で（いわゆる「スマートマネー」、実際はほとんどが信託や大手ファンドの運用マネジャー）、彼らの景気に対する見通しは、だいたい２～４カ月後に株式市場の一般投資家に反映される。実際、信頼感指数は株価指数にほぼそれくらい先行する傾向がある（４カ月というよりは２カ月に近い）。そのため、もし信頼感指数が頂点に達して下がり始めたら、60～120日後に株式市場でも似たようなことが起こるかもしれない。もちろん、同じことは下落相場にも言える。

注意　この指数の解釈の仕方は少し変わっており、1/10ポイント未満のブレイクアウトはあまり意味がない。大事なことは、上昇や下落が重要なチャートパターンを完成させることで、そのような展開は強気相場の始まりや終わりのシグナルになる場合がある。

この指数は、1932年以来、85％の確率で株式市場に60～120日先行している。つまり、これは過去の反転の15％は指標が遅れたか、リードタイムがもう少し長かったということでもあるが、ほとんどは後者で、５カ月以上だったケースもある。この15％の多くは、上昇トレンドが下落に転じたケースで、例えば、1929年（調整済）、1937年、1946年は信頼感指数が５カ月以上前から下落を示唆していた。ちなみに、この指数が下降しているときに株式市場が急騰するとテクニカル的な緊張が生まれるが、結局は何カ月後かに長期的な下落相場が始まる。

空売り残高の傾向と空売り比率

信頼感指数があるのならば、悲観指数はないのだろうか。実はある。当然ながら、こちらはバロンズ信頼感指数が参考にしている債券を買うような堅実な人たちとはまったく違う人種の考えに基づいている。

それが空売りをする人たちだ。

　空売りは、主にプロのトレーダーやリスク志向の高い投資家が使うテクニックで、株価の下落を狙って利益を得ようとすることである（彼ら以外にも、空売りを下落に対する保険や節税目的で使う人もいるがそれは別の話）。逆説的だが、アナリストたちは「みんなが弱気のときは強気になるべき」だと考えている

　理由は２つある。１つは、ウォール街の皮肉屋の「大衆は常に間違っている」という考え由来の「みんなが市場が下がると言うときには上がる」（逆も同じ）という理論である。皮肉屋たちに言わせれば、一般投資家が景気が変わったことに気づくころには市場はとうに気づいているし、すでに次の出来事に備えている。

　ただ、そうだとしてもさらに明らかな理由は空売りの仕組みにある。空売りは、ブローカーから株を借りて市場価格で売るが、いずれは同じ株数を買って返さなければならない。最初に弱気派のような行動をとったため、次は強気派のように行動しなければならないということだ（空売りしたものは将来必ず買い戻さなければならない）。そのため、空売り残高または空売りポジション（どちらも空売りしてまだ買い戻していない株数を示している）は、株価のクッションになる。もし株価が下げれば空売りした人たちは利食うために買い戻す。しかし、もし株価が上がれば、彼らは損切りするために慌てて買い戻す。

　つまり、空売り残高が増えると強含み、減ると弱含む。投資家は必ず自分が注目している銘柄の空売り残高を見ておかなければならない。主要な証券取引所は空売り残高を毎月15日に公開している。大手新聞社や金融系の刊行物も、２〜３日遅れでこの情報を掲載している（少なくとも大きく動いた銘柄や空売り残高が大きい銘柄については）。

　空売りポジションの重要性は出来高によって決まる。１日の出来高が１万株の銘柄で5000株の空売り残高があってもさほど重要でないのは言うまでもない。しかし、１日の出来高が500株ならば、買い戻し

は考慮すべき支持線になる。あるいは、もし市場全体が大きく動いていれば、大きな空売りポジションでもあまり心配しなくてよい場合もある。いずれ大きく買われても十分な供給があるかもしれないからだ。しかし、動きが遅い市場ならば、あまり大きくない空売りポジションでも、大幅な上昇につながるかもしれない。

そこで、空売り残高とその月の１日の平均出来高の比率を算出したのが空売り比率である。例えば、空売り残高が400万株で、１日の平均出来高が350万株ならば、空売り比率は約1.14倍（114％）になる。

原則として、空売り比率が1.5倍を超えたら、市場は「売られ過ぎ」の可能性が高く、見通しは強気と言える。しかし、この比率が0.5倍を下回ったら、市場はかなり弱含んでおり、下落の重要な転換期を示唆している。そして、この比率が「その間」ならば、1.0〜1.5倍は若干強気、0.5〜1.0倍ならば注意ゾーンと考えるとよい。

トレンドライン社の端株指数

もう１つ、利用者が増えている指標があり、これもある意味「大衆は常に間違っている」という理論に基づいている。これは、新しいトレンドや展開が「小口投資家」まで浸透するころには、「スマートマネー」はすでに行動して次の展開に目を向けている、ということを示唆しているのかもしれない。このことは、トレンドセッターが新しいファッションを打ち出し、一般に広まったころには関心がなくなっているのと似ている（自動車がどんどん大型化し、後部のテールフィンが派手さを極めるようになったころには、トレンドセッターは小型の外国車に乗り換えているため、社会アナリストは近いうちに小型自動車が流行すると予想できる）。

実は、市場には「小口投資家」の動向をきちんと測ることができるデータがある。それが、端株（100株未満の株）の出来高である。単

位株の売りならば必ず買い手がいるが、端株は専門の仲介会社と売買することになる。そして、仲介会社はこれらの株を必要に応じてほかのブローカーに市場価格よりも若干高く提供している。彼らは毎日、売買した株数を報告しているが、このなかには空売りされた株数も含まれている。それを見れば、「小口投資家（大衆）」の買いと売りはどちらが多いかと、それがどの程度かを知ることができる。

　ガーフィールド・ドリューは、小口投資家は常に間違っているという前提で、端株トレードの数字を使って市場の予想テクニックを改善したことで評価されている。株価チャート出版大手のトレンドライン社は、詳細な調査の結果、この手法が非常に有効であることを認め、端株指数を作って端株取引のトレンドが一目で分かるようにした。この指数は次のように算出されている。

①1週間の端株の買いと売りの比率を1937〜1960年の24年間調べたところ、通常は買いのほうが売りよりも多いことが確認された（単位株になるまで買いためていく人がいることや、市場が拡大しており、長期的に見れば上昇していることも理由かもしれない）。

②通常の比率（11対10）を、通常の買いの線として設定する。

③チャートには毎週の比率のグラフを、通常の買いの線と合わせて描く。

④この指数は、毎年11月1日から1月20日にかけて季節調整を行う。端株の売りに対する買いの割合は、11月1日から12月20日にかけて急激に下がり、12月20日から1月20日にかけて急激に回復することが観察されている。

　言うまでもないが、この指数が通常の買いの線よりも上にあれば、小口投資家は通常以上に買っていて、下にあれば通常よりも少なく買っていることになる。長年の研究によって、この指数を解釈するため

の次のような原則ができた。

①強気相場のときは、端株の買いは通常よりもはるかに少なくなる。これによって、市場の上昇が有効かつメジャーな上昇トレンドであることを確認できる。
②上昇相場の終わりに近づくと、端株の買いは通常よりも多くなる。この買いは、株価が天井に達しても続き、市場のピーク近くでは熱狂的になることが多い。
③端株の買いは下落相場の初期にも通常よりも多くなる。しかし、下落が続くと買いは徐々に減っていく。
④底に近づくと、端株の買いは通常よりもはるかに少なくなることが多い。

1つで市場を正確に予想できる指数や手法やシステムはない。しかし、本章で紹介した手法を組み合わせて賢く判断すれば、打率は大いに向上するだろう。

チャート55　ダウ平均と騰落ライン

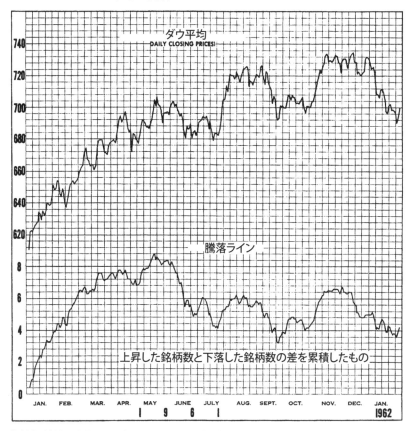

指標を分析するときは、できるだけたくさんの指数と合わせて行う必要がある。また、本書で紹介した指標の解釈の仕方は絶対的な教義ではなく、指針にすぎない。今回の1961年1月から1962年1月までの騰落ラインは、1961年初めに堅調な上昇トレンドがダウ平均の上昇を先導していたが、6月になると騰落ラインは天井を打った。このとき、ダウ平均はまだ上昇していたが、それが長く続かないことを騰落ラインの反転が警告していた。そして、ダウの上昇ペースが下がり、1962年1月には下落に転じたことで、この警告の有効性が証明された。1961年の大部分において、騰落ラインのほうがダウ平均やそれ以外の有名な株価指数よりも株式市場全体のトレンドの兆候を示していたように見える。

チャート56　バロンズ信頼感指数

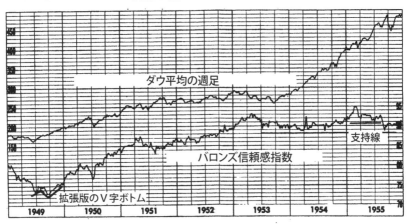

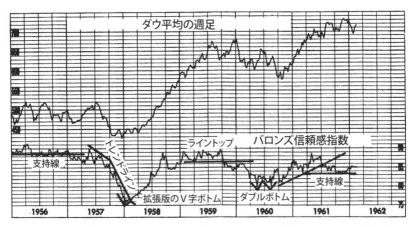

バロンズ信頼感指数をフォローしている者の多くは、株価平均の小さな動きを予測するために指数の小さな動きを待っている。しかし、私はそれとは違う使い方をしている。この指数そのものを分析しているのだ。上のチャートには、信頼感指数と株価平均のトレンドを予想するうえで重要に思えるフォーメーションを描き込んでいる。1949年のV字ボトムは来る長い「強気」相場を伝えていたが、1956～1957年になってやっと主要な天井が形成され、重要な支持線がブレイクされた。そのあと、信頼感指数はカーブした下降トレンドラインを描き、1958年1月に拡張版のV字ボトムでクライマックスを迎えた。1959年のライントップから始まった下落は1960年にダブルボトムで反転した。トレンドはそこから1961年6月まで上昇したが、上昇トレンドラインがブレイクされたものの、1～3月の安値を結んだ支持線を大きく割ることはなかったため、主要な「弱気」相場のシグナルは延期された。

チャート57　空売り比率とダウ平均

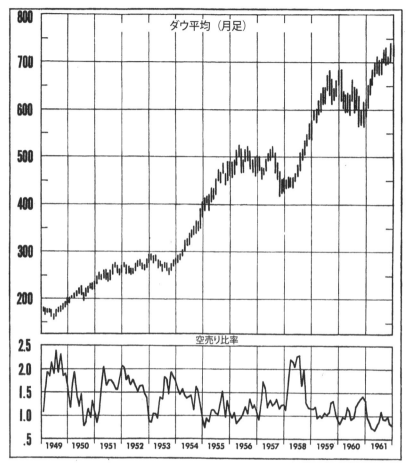

空売り比率は、1.5倍を超えると市場の見通しが強気だと解釈できる。今回の1949～1961年のチャートでダウ平均（月足）と空売り比率の関係を調べると、このルールは特に効果的だったと言える。それどころか、このルールに「2.0倍を超えれば極めて強気」と書き加えたくなる。1949年と1958年がそうなっていた。チャート56で書いたとおり、1958年初めは特に弱気だったが、このときの指標が強気を示唆したことで、弱気の解釈を放棄しやすくなる。一方、この比率が0.5倍を下回ると「弱気」に見えるかもしれないが、0.5～1.0倍は注意ゾーンと考えたほうがよいのかもしれない。このチャートの期間を通して指標は弱気の「買われ過ぎ」ゾーンを大きく上回っていた。

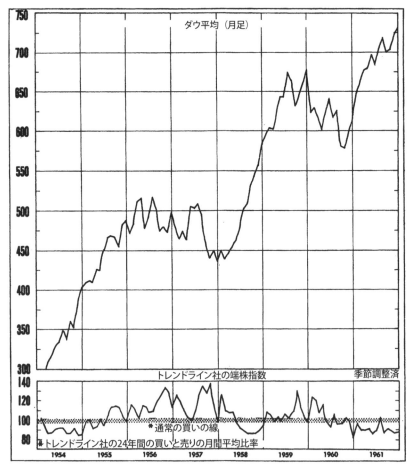

チャート58とチャート59からはトレンドライン社の端株指数とダウ平均を比較すると、端株指数がダウ平均の主要な反転を予測する助けになり、本物の「強気派」の存在を確認できることが分かる。長期チャートに端株指数とダウ平均の月ごとのデータを描いていくと、1954年の全期間と1955年のほとんどにおいて端株の買いは通常の買いの線（NBL）を下回っている（つまり「強気」）。この間、ダウ平均は中断することなく急上昇していた。1956年の端株の買いは通常の買いの線を超えており、ダウ平均の上昇は行き詰まった。そして、1956年と1957年は端株指数が通常の線を大きく超えて「弱気」を示唆すると、ダウ平均は横ばいで推移した。1958年、端株の買いは通常を大きく下回り、ダウ平均は勢いよく上昇した。1959～1961年はチャート59で分析する。

チャート59　トレンドライン社の端株指数とダウ平均（週足）

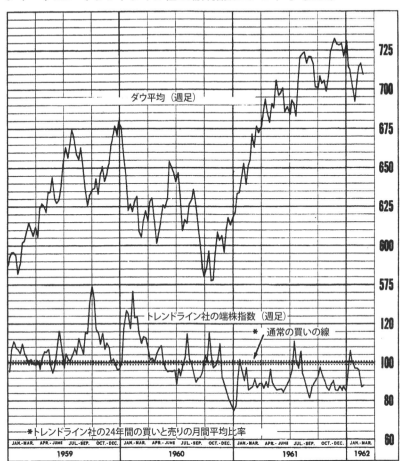

チャート58よりも詳しく分析するため、1959〜1961年のトレンドラインの端株指数とダウ平均を週足で見ていく。このチャート58は、端株指数の大きな変化がそのあとのダウ平均の小さな動きにどのように影響したかを示している。1959年9月、株価が急落したあとに端株指数が異常な買いを示し、その直後に株価が急上昇した。また、1960年の1〜2月には、株価が急落したあと端株指数が急上昇し、これが数カ月後の株価上昇を先行したように見える。しかし、いずれのケースも上昇のあとすぐに新安値を更新しているため、端株指数の予想は薄氷を踏むようなことにも見える。そのあと、1960年12月に端株指数は通常の線をはるかに下回り、それが1961年の株式市場の重要な上昇のシグナルとなった。そして、この「強気」相場が継続することを、1961年に端株指数が通常の線の下で推移していたことが確認した。

15

200日移動平均線

The "200 Day Moving Average"

　株式市場の専門家は長年、トレンドを見つけたり測定したりするためのさまざまな手法を試してきた。彼らの多くは、日々の変動を調整するために、何らかの移動平均線を用いてきた。例えば、建設請負契約の月ごとの費用を計算するエコノミストは、1件の大口契約が全体の傾向を歪めないよう3カ月移動平均線を使ってトレンドラインをならしている。これは、3月の数字として2月と3月と4月の実際の値の平均を使い、4月には3月と4月と5月の平均を使うという方法である。このようにして算出した値をグラフにすると、かなり信頼できるトレンドラインになる。これと似たテクニックが、市場分析にも使われている。第14章で紹介した騰落ラインも、移動平均線の一種と言える。

　移動平均線でトレンドを測る利点の1つは、単純に算出できて個人的な判断に依存していないことにある。

　アナリストの間では、200日移動平均線が長期トレンドを測定する方法として人気がある。これは、連続200日分の終値（または平均株価）の合計を200で割ると200日目の値が算出できる。そして201日目は合計から1日目を外して201日目を足し、それを200で割る。

　グランビルを含めて多くのアナリストは、30週間、毎週1つの価格を使うことに満足し、退屈だとは感じていなかったようだ。トレンドライン社は「200日移動平均線」を、30週連続した木曜日の終値の合計を30で割って算出している。この移動平均線は、毎週、新しい値を足して、30週前の値を外していく。このような平均を毎週株価チャートに書き込んで、日々の株価と比較していくのだ。

　グランビルは、このようなチャートを解釈するための8つの基本ルールを挙げている。

①もし200日移動平均線が下落したあとに水平になるか上昇に転じ、株価が移動平均線を上抜くと、主要な買いシグナルとなる。

②もし株価が移動平均線を下抜いてもその移動平均線が上昇し続けていれば、買いシグナルとなる。

③もし株価が200日移動平均線よりも上にあり、移動平均線に向けて下げていてもそれを下抜くことができずに再び上昇に転じたら、買いシグナルとなる。

④もし株価が速く下落しすぎて下落している移動平均線をはるかに下回ったら、この移動平均線の方向に短期的に戻ることが期待できる。

⑤もし200日移動平均線が上昇したあとに水平になるか下落に転じ、株価が移動平均線を下抜くと、主要な売りシグナルとなる。

⑥もし株価が移動平均線を上抜いても、その移動平均線が下げ続けていれば、売りシグナルとなる。

⑦もし株価が200日移動平均線よりも下にあり、移動平均線に向けて上げていても、その移動平均線を上抜くことができずに再び下落に転じたら、売りシグナルとなる。

⑧もし株価が速く上昇しすぎて上昇している移動平均線を上回ったら、この移動平均線の方向に短期的に押すことが期待できる。

これらの指針は、チャート分析の基本テクニックに追加できるテクニカルツールの1つではあるが、トレードするための「システム」として使うべきものではないということを強調しておきたい。まずは日々のプライスアクションを考慮することが大事で、特に市場が反転しそうなときは気をつけてほしい。200日移動平均線は敏感な指標ではないし、トレンドの反転は移動平均線が転換するはるか前にプライスアクション自体に明確に示されていることが多い。

さまざまな指標を確認しておくことは、これらが継続的にチャートの形で公開されていることを考えればそう難しいことではない。トレンドライン社の週刊「デイリー・ベーシス・ストック・チャート」は、

騰落ラインや同社独自の端株指数やバロンズ信頼感指数（週ごと）や、空売り比率の最新チャートを提供している。この興味深い刊行物は、ほかにもダウ平均やS&P500や何百もの個別株のチャートに、それぞれの200日移動平均線を合わせたチャートを掲載している。

チャート60　ロンソン——200日移動平均線と株価がともに上昇

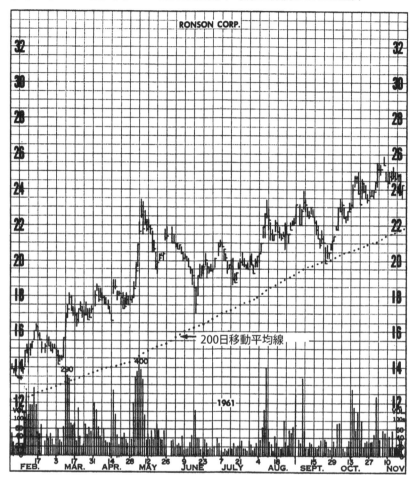

200日移動平均線

強気相場のときの株価は、たいてい200日移動平均線の上にある。このチャートでは、株価と200日移動平均線が近い位置で上昇しており、唯一の例外は5月初めに上昇した期間だけだった。この状況では、移動平均線がトレンドの進展を示す最高の指標と言える。トレンドラインや時には支持線や抵抗線も書き方によって誤解を招くことにもなるが、今回は上昇期間を通して移動平均線は価格の方向性について疑う余地がない。本章で書いたとおり、移動平均線は「チャート分析において基本テクニックに追加できる便利なツール」だが、このチャートや次ページ以降のチャートのように主要なテクニカルツールになるときもある。

チャート61　コリンズ・ラジオ――200日移動平均線と株価がともに下落

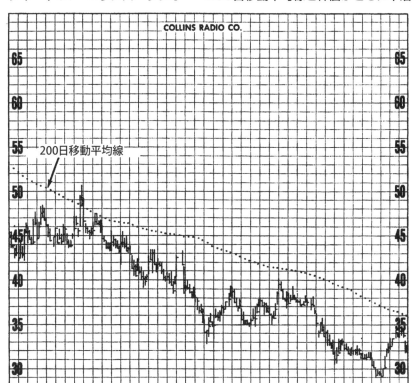

このチャートは、チャート60のロンソンをさかさまにしたように見える。下降トレンドでは株価はずっと移動平均線の下を推移している。下降トレンドでも、上昇トレンドと同様に株価が移動平均線に引き付けられていく。このチャートも、移動平均線が主要なテクニカルツールになることを示している。経験豊富なテクニカルアナリストでも、その前の２つの抵抗線を上抜いた３月の上昇にはだまされたかもしれないが、グランビルはルール⑥で「もし株価が移動平均線を上抜いてもその移動平均線が下げ続けていれば、売りシグナルとなる」と言っている。もしチャートを厳密に解釈するとしっくりこないときは（よくある）、移動平均線がテクニカルツールキットの歓迎すべき１つだということを思い出してほしい。

チャート62　ファースト・チャーター・ファイナンシャル——200日移
動平均線に近づく動き

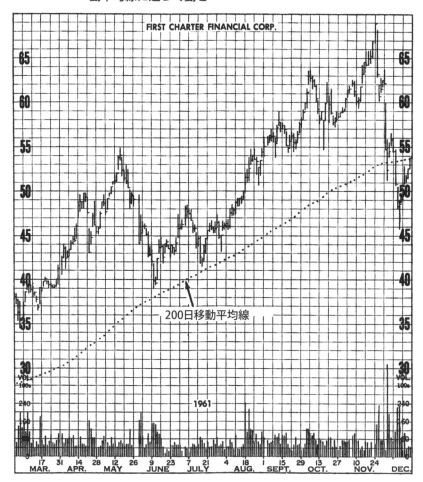

グランビルはルール⑧で「もし株価が速く上昇しすぎて上昇している移動平均線を上回ったら、
この移動平均線の方向に短期的に押すことが期待できる」としている。このルールは、このチャ
ート62の時期の短期トレーダーにとって非常に役立ったはずだ。5月に55ドルに達した株価は移
動平均線を19ポイントも上回っていたが、3週間後には平均線のすぐ近くまで16ポイント押した。
同じようなことは11月と12月にも見られたが、重要な違いが2つあった。5〜6月の16ポイント
の押しは出来高が少なく、移動平均線にはわずかに達しなかったが、11〜12月は下落時に出来高
が急増し、そのまま移動平均線を下抜け、その間も出来高は多いままだった。これは、後者が通
常の動きではなく、トレンドの重要な反転だということを警告している。

チャート63　フォード・モーター——200日移動平均線が主要な底のシグナルを出す

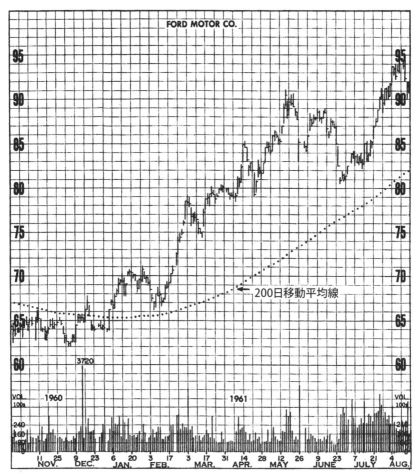

1961年1月の第2週に、株価は重要な抵抗線（68ドル1/2）を超えて上昇トレンドラインを確立した。また、株価が移動平均線を上抜けるのは、この3週間で2回目だった。グランビルのルール①「もし200日移動平均線が下落したあとに水平になるか上昇に転じ、株価が移動平均線を上抜くと、主要な買いのシグナルとなる」によると、今回（あるいは3週間前に）移動平均線を上抜いたのはそのシグナルと解釈できる。ただ、過去数年の調査によると、このルール①とルール⑤（主要な売りのシグナル）には、ダマシや誤解も多い。そこで、移動平均線をブレイクしたことが主要な売買シグナルだと結論づける前に、株価自体の動きのシグナルで確認することを勧める。

16

利益

Profits

　チャート分析を学んだ優秀なトレーダーは、市場についての考えは間違っていることよりも正しいことのほうが多い。そして、利益を上げるにはそれで十分だ。ただ、株価を予想する並外れた能力を持っていたとしても、それだけで成功できるわけではない。予想とトレードは別物なのだ。ウォール街では昔から「予想で種をまき、トレードで収穫する」と言われている。堅実な予想は株価がいずれ上がると教えてくれるが、どの瞬間にどれくらいのリスクをとり、いつ撤退するかを決めるためには適切なトレード戦略が必要になる。優れた予想ができてもトレードがうまくなければ破産する人がいるし、予想がうまくなくても適切にトレードをすればお金持ちになる人もいる。実際、ウォール街には卓越したアナリストでも市場で稼いだことがない人がたくさんいる。私の友人は、彼らのことを「頭は良いが靴に穴があいている人たち」と呼んでいる。チャートを読むことと堅実なトレード（または堅実な投資プログラム）の両方ができなければ、靴の穴を塞ぐことはできない。

　金融経済記者は市場での活動に軍隊用語を好んで使う。ジェラルド・ローブのベストセラーのタイトルは『ザ・バトル・フォー・インベストメント・サバイバル（The Battle for Investment Survival）』（直訳すると、「投資で生き残るための戦い」）だし、市場を「戦場」「売り手と買い手のせめぎ合い」「買い上がり、売り崩し」などという言葉もよく使われている。そして、このような用語に加えてチャートのテクニックや会社の見通しを分析する方法などについて、これらは優れた武器ではあるが、戦いに勝つためには優れた作戦が必要だなどとも言う。適切な投資プログラムを本で教えることはできない。これは、トレーダーの性格や資金に合ったものでなければならないからだ。そこで、ここではいくつかの指針を挙げておく。

　最初に必要なのは行動計画だ。どのような計画でもないよりはあったほうがよい。計画は、下の質問に答えることで立案できるかもしれ

ない。

　①投資資金はどのくらいか
　②いくらまでなら負けられるのか
　③どのような目的で投資をするのか
　④いつ仕掛けるのか
　⑤いつ手仕舞うのか

①投資資金はどのくらいか

　これから投資しようとしている人は、生活費（住宅費、保険、生活費や緊急時に備えた現金、最低限の引退資金など）に手を付けてはならない。バーナード・バルークの鉄則の１つは、「市場にすべての資金を投じてはならない」だった。さらには、すべての投資資金を使い切らないようにすべきだとも言っていた。例えば、基本的な生活費を除くと２万ドル残ったとすれば、そのなかの10〜90％を、チャンスや分析状況に合わせて市場に少しずつ投資していくとよい。大金を投じるときは、十分な貯えを維持したうえで、市場全体に対する見通しが極めて楽観的なときにする。予備の現金は、機動性と市場分析に欠かせない客観的な視点を与えてくれる。

②いくらまでなら負けられるのか

　洗練されていない投資家にとって「負ける」は禁句だが、経験豊富な投資家は、どんな状況でもうまくいかなくなるときがあることを分かっている。ナポレオンが必ず戦場で間違える余地を残していたように、トレーダーも市場が逆行した場合の余裕を持っておく必要がある。優秀なビジネスマンは、撤退する前に、どこまでのリスクをとり、どこまでの損失を受け入れるかをあらかじめ決めている。市場は常にそこにある。また明日も戦うためには、「もう十分だ」と言うタイミン

グを知っておかなければならない。勝率は、堅実なアナリストに有利になっているが、1つか2つのトレードでの大きな損失で破綻してしまったら元も子もない。ある成功しているトレードプログラムは、10％ルールを用いている。もし株を買って逆行したら、損失が10％に達したところで損切るのだ。これは、ブローカーに逆指値注文（市場がある価格まで下げたら株を売る注文）を出しておくか、自分で覚えておいて損切る（これにはかなりの規律が必要）のどちらかでできる。トレーダーのなかには、資金や税務状況やこれまでの利益やそのほかの検討事項を考慮して、可能な損失を25％までとしている人もいる。

③どのような目的で投資をするのか

　自分がいくら投資して、どれくらいの損失までリスクをとるか決めたら、目的はかなり定まってくる。例えば、投資額に対する25％の利益、場合によっては50％や100％だって狙うことはできるが、一般的に潜在利益が大きくなれば、リスクも大きくなる（逆もある）ということを覚えておいてほしい。また、単純にトレンドに乗って、株価の上昇に合わせて増し玉をしていくこともできる。このような手法は、株価から一定の価格だけ離した損切り注文を置くなどして自動的な防御策を講じておかなければならない。もちろん、このような手法ではなく、単純にチャート分析を使っていつ手仕舞うかを決めてもよい。どのような手法を用いるにしても、投資する前に目標を決めてそれを順守すべきである。

④いつ仕掛けるのか

　特定の銘柄に引かれる理由はいくつもある。その会社の製品が好きだ、経営陣が素晴らしい、何か情報をつかんだなど、どれも有効だ。ただ、信頼できる情報源からヒントをもらうのは問題ないが、そのヒントだけを信じて買うのは大きな間違いである（有名トレーダーのジ

ェシー・リバモアも「スミス氏のヒントに基づいて買うならば、スミス氏のヒントに基づいて売らなければならない」と言っている)。買うならば、まずはその銘柄についてできるかぎり調べる。その会社に関するリポートや目論見書を読み、ムーディーズやスタンダード＆プアーズのデータを調べ、ブローカーや投資顧問の調査報告書なども読む。また、会社に質問状を送ってもよい。さらには、その会社の売り上げ、利益、キャッシュフロー（利益と減価償却）、ファンダメンタルズに関する情報などもできるかぎり分析する。そのうえでチャートを調べる。もしチャートの構造が基本的に強気で、ほかの分析でも同じ結果ならば、投資の勝率は高い。繰り返しになるが、チャートは買うための最高のタイミングを探すためのもので、ブレイクアウトや支持線や出来高が少ない通常の押しや戻りなどを見ながらポジションを建てる。このとき、どれくらいの資金をこの銘柄に投じ、１回で買うか、少しずつ買うか、押しで買い、戻りで売るか、上昇に応じて買い上がる「スケールアップ」をするのかも決める。ただ、下落していくなかでナンピンはしてはならない。それをすれば損失が増えていくだけだ。もしその会社をとてつもなく信頼しているか、あなたがとてつもなく神経が図太いか、とてつもなくたくさんの資金を持っているのでなければ、ナンピンは数学的に勝率を下げることになる。

⑤いつ手仕舞うのか

これが投資プログラムの最も難しいところだということは間違いない。ウォール街では、プロもアマチュアも「儲かっている間に売るべきだった」「もう少し長く保有すべきだった」などと嘆いている。

ここでも、目標を定め、行動計画を立てておく必要がある。もしあなたの投資システムが機械化されているならば、例えば次のように決めておくとよい。

A．１回の投資で損失は10％までとする。

B．成功するのは３回に１回と想定する。

C．利益を上げるためには正しいときに30％を大きく超える利益を上げなければならない。トレーダーのなかには50％や100％といった目標を決めている人もいる。

　最近のベストセラーでは、トレイリングの手仕舞い注文を使ったシステムで、とてつもない利益が上がったと主張していた。この本の著者は、彼がボックス圏と呼ぶ揉み合いで逆指値注文の指値を少しずつ上げていくと、大きな下落があれば自動的に手仕舞うことができるとしている。もちろん、これをすれば、必ず天井よりもある程度下で自動的に手仕舞うことになるが、バーナード・バルークも自らの自伝のなかで「天井で売って底で買うなどと言っているのはウソつきだけ」だと言っている。一方、純粋なテクニカルアナリストはチャートのテクニックを使って市場からいつ撤退するかを決めている。彼は、分析によって上昇のペースが落ちたり、反転が近づいたり（または始まったり）しているときに売る。ただ、反転の確認を待つのは素晴らしいことだが、それには厳しい自制心が必要で、なかにはどうしても客観的になれないためにこの手法は向かない人もいる。

　繰り返しになるが、どのような計画でも、ないよりはあったほうがよい。また、投資計画は非常に個人的なもので、自分の弱みや強みを知り、自分のニーズに合うだけでなく無理なく受け入れられるものでなくてはならない。私は最近、自分の考えに驚くほど近い考えの２冊の書物に出合った。どちらも有名な株式トレーダーが書いたもので、１冊には株式市場で知っておくべき最も大事なことは「汝自身を知れ」だとあり、もう１冊には「もし成長のカギとなるものがあるとすれば、それは批判的な自己評価を体系的に行うようにすることだ。私は自分

のことが分かるようになったら、他人もよく理解できるようになった」
と書いてあった。

　自分の弱点以外に、自分の資金状況、トレードに専念できる時間、
経験なども投資プログラムを構築するうえで重要になる。

17

落とし穴と恩恵

Pitfalls — and Profits

　チャートを読むことは、サイエンスというよりもアートに近いが、そのことを忘れている投資家にはたくさんの落とし穴が待っている。チャートの限界についていくつか挙げておこう。

爆弾

　予期しない大きな出来事は、チャート上のトレンドを予告なく反転させることがある。例えば、戦争の恐怖、「平和時の恐怖」（市場全般のセンチメントに影響を及ぼす政府の予期しない動き）、１つの会社または業界に影響を及ぼす大きな利益や損害などである。ウォール街は、1956年にアイゼンハワー大統領が心臓麻痺を起こした直後の市場の動きを鮮明に覚えている。ほんの数時間で何十億ドルもの価値が消え去ってしまった。委任状争奪戦、独占禁止法違反訴訟、新製品、合併なども、トレンドを劇的に反転させることがよくある。チャート分析は、市場心理に基づいたもので、呪文でもなければ、純粋な理論家が信じる「実際に起こる前からすべてはチャートに書いてある」というようなバカげたことでもない。要するに、チャートはウイジャ盤ではないのだ。

優柔不断、優柔不断

　株は全体の３分の２の時間を使って、残りの３分の１にどう動くかを考えていると言われている。チャートを読む経験が豊富な人ならば心から同意するだろう。彼らはよく「チャートはどう言っているのか」と質問されるが、たいていは「何もしていない」と答える（ただ、ほとんどの銘柄はほとんどの期間、何もシグナルを出していないが、なかには常に動いている銘柄や、動こうとしている銘柄もある）。たくさんのチャートを観察しているアナリストは、有望なトレンドやフォーメーションをたくさん見つけることができる。

同じものはない

　市場の魅力の1つは、それぞれの状況が、それぞれ人が違うように、わずかでもほかの状況とは違っているところにある。また、まったく同じように形成されるパターンがないように、その解釈もその人の経験や判断や想像力によって変わってくる。グランビルはチャートの読み方をピアノの演奏と対比させている。だれでも楽譜どおりに弾くことを学ぶことはできるが、演奏は人によってまったく違うものになる。だから、男の子にカーネギーホールへの行き方を聞かれた老婦人は「練習、練習」と答えたのだ。

何か起こったのか

　時には、確認できたと思ったこと（例えば、明確に形成されたフォーメーションやトレンド）が、突然、明らかな理由もなく崩れ去ることがある。事後分析をしても、理由が分からない場合もある。もちろん、これは頻繁に起こることではないし、普通はあとから振り返れば何が悪かったのか分かることが多い。ただ、そういうことも起こるということだ。

癖

　多くの銘柄には独自の性格があり、特定のパターンを繰り返す銘柄もあれば、動きがまったく不規則で、アナリストが「これはうまくチャートにならない」と嘆く銘柄もある。いつもダブルトップやダブルボトムができる銘柄もあれば、曲線の反転やソーサーボトムになることが多い銘柄、急反転する銘柄もある。しかし、これは不思議なことではない。株は、銘柄ごとに特定の人たちを引きつけ、その人たちには特定の行動パターンがある。また、会社にもそれぞれのサイクルがあったり、収益に不規則なスイングがあったりする。このような株の人格とも呼べる性質は、落とし穴であると同時に、チャンスにもなる。

特定の銘柄の長期的な動きのパターンを知っておけば、より自信を持って反転を見極めることができる。

高波

前述のとおり、個別銘柄の最も明確なパターンでも、株式市場全体の反転によって警告なしに崩壊することがある。そのため、堅実なアナリストは株式市場全体の状況を、テクニカル的にも経済的にも詳細に観察している。

結論

これまでチャート分析の限界を強調してきた理由の１つは、1929年の株価大暴落のあと、チャートと株式市場に関するすべての信用が失墜したことが記憶に残っているからだ。ブローカーによっては、アナリストがあざけりや追放を恐れてチャートを封印せざるを得なかった時期もあった。もちろん、それはずっと過去のことだ。今日では、銀行や投資信託や保険会社や年金基金やブローカー会社の投資顧問がチャートを研究している。そして、彼らのようなプロだけでなく、増え続ける一般投資家もチャートを使うようになった。私は、毎週「デイリー・ベーシス・ストック・チャート」というチャート集を発行しているトレンドライン社に、同社のチャートを使って成功したという何百通もの手紙が送られてくることを知っている。このチャート集自体は特定の銘柄を宣伝したり推薦したりすることはなく、チャートという形で事実を伝えているだけだが、投資家たちはその事実が市場で追加的な強みを与えてくれたと感じているのだ。

チャートが毎回勝ちを保証してくれるわけではないが、次のようなことはできる。

●支持線や抵抗線と推定できるレベルやトレンドの反転シグナルを示すことで、いつ買って、いつ売るかを決める助けになる。

●通常とは違う出来高や価格の動きで注意を引き、その会社に大きな利益チャンスかもしれない何かが起こっていることを教えてくれる。

●今のトレンド（上昇か下降か横ばいか）が加速しているのか、減速しているのかを見極める助けになる。

●その銘柄の動きの歴史が一目で分かるだけでなく、自分が上昇で買うのか押しで買うのか、そして今の価格が歴史的に高いのか安いのかを教えてくれる。

●経済データやほかの要素（ヒントや直感を含めて）に基づいてある銘柄を買う判断をしたときに、それを確認したり、否定したりするツールになる。

要するに、チャートがなかったらどうすればよいというのだろうか。

■著者紹介
ウィリアム・L・ジラー（William L. Jiler）
1934年に兄のミルトンが設立したCRB（コモディティ・リサーチ・ビューロー）社の社長を長く務め、CRBの先物チャートサービスやスタンダード＆プアーズのトレンドライン社のチャートサービスの提供を始めた。また、CRB先物指数を開発し、この指数は商品市場全体の価格動向を表す主要な指標となった。現在でも世界の商品価格の動きを測定するための不可欠な指標となっている。

■監修者紹介
長岡半太郎（ながおか・はんたろう）
放送大学教養学部卒。放送大学大学院文化科学研究科（情報学）修了・修士（学術）。日米の銀行、CTA、ヘッジファンドなどを経て、現在は中堅運用会社勤務。2級ファイナンシャル・プランニング技能士（FP）。『ルール』『不動産王』『その後のとなりの億万長者』『IPOトレード入門』『株式投資　完全入門』『知られざるマーケットの魔術師』『強気でも弱気でも横ばいでも機能する高リターン・低ドローダウン戦略』『パーフェクト証券分析』『トレードで成功するための「聖杯」はポジションサイズ』『バリュー投資達人への道』『新版　バリュー投資入門』『財産を失っても、自殺しないですむ方法』『鋼のメンタルトレーダー』『投資の公理』など、多数。

■訳者紹介
井田京子（いだ・きょうこ）
翻訳者。主な訳書に『トレーダーの心理学』『トレーディングエッジ入門』『プライスアクショントレード入門』『トレーダーのメンタルエッジ』『バリュー投資アイデアマニュアル』『FX　5分足スキャルピング』『完全なる投資家の頭の中』『株式投資で普通でない利益を得る』『T・ロウ・プライス』『行動科学と投資』『不動産王』『バフェットからの手紙【第5版】』『IPOトレード入門』『トレードで成功するための「聖杯」はポジションサイズ』『バリュー投資達人への道』『鋼のメンタルトレーダー』（いずれもパンローリング）など、多数。

2022年7月4日　初版第1刷発行

ウィザードブックシリーズ ③③⓪

マーケットのチャート入門
──株式市場のテクニカル分析をマスターする

著　者　ウィリアム・L・ジラー
監修者　長岡半太郎
訳　者　井田京子
発行者　後藤康徳
発行所　パンローリング株式会社
　　　　〒160-0023　東京都新宿区西新宿7-9-18　6階
　　　　TEL 03-5386-7391　FAX 03-5386-7393
　　　　http://www.panrolling.com/
　　　　E-mail　info@panrolling.com
編　集　エフ・ジー・アイ（Factory of Gnomic Three Monkeys Investment）
装　丁　パンローリング装丁室
組　版　パンローリング制作室
印刷・製本　株式会社シナノ

ISBN978-4-7759-7299-1